H.P. Matkowitz

Heute koche ich!

Das Kochbuch für Männer

EDITION XXL

Vorwort

Mutter hat ihre Drohung wahr gemacht. Sie will einmal allein Urlaub machen, Urlaub von der Familie. Sie ist den Schwarzwald zu ihrer Mutter gefahren, also zur Oma.

„Ihr werdet das schon schaffen, Jungs, und lasst nicht so viel Geschirr stehen. Den alten Jogurt zuerst verbrauchen, dann den frischen. Den Schinken immer schön zudecken, sonst bekommt er Ränder." Und, und, und...

Vater und Sohn allein zu Hause. Das kann ja heiter werden! Sie wollen sich was kochen, einen schönen Abend machen; eben einen „Männerabend".

Keine Ahnung haben beide viel, aber viel Ahnung hat keiner von beiden.

Ein Kochbuch muss her. Spiegeleier oder Steak? Hamburger oder Griechischer Salat? Aber den mit viel Knoblauch, mit schön viel Knoblauch. Schließlich ist Wochenende, da stört es keinen, am wenigsten Mutter, die ist bei Oma.

Die Herren entscheiden sich für Steak mit Hähnchen-Spargel-Salat. Was braucht man dazu?
Steht schließlich alles im Buch. Das Chaos nimmt seinen Lauf.

Damit Ihnen so etwas nicht passiert, finden Sie im vorliegenden Buch eine ganze Reihe von Anregungen, unterteilt in 4 verschiedene Schwierigkeitsgrade. Vom Bohneneintopf über Bauernsalat bis zur Entenbrust mit Calvados-Rahm-Soße, von Tomatensuppe mit Spätzle über Spareribs bis hin zu Apfelküchle auf Rotweinschaum.

Die kleinen Töpfchen zeigen Ihnen die jeweiligen Schwierigkeitsgrade!

Inhaltsverzeichnis

Wissen ist Macht
– nichts wissen macht auch nichts!

Ein schöner Spruch, aber wer plötzlich und unerwartet vor dem Problem steht, sich um sein eigenes leibliches Wohl kümmern zu müssen, der muss sich erst einmal auskennen in der Küche, wissen, wo was ist. Kein Problem, schon tausendmal gesehen, wie Mutter das macht. Außerdem, Bange machen gilt nicht und vor allem, wer nichts probiert, kann auch keine Fehler machen. Bevor es wirklich ans Kochen geht, sollte man sich vorher orientieren.

Wo finde ich was? Welche Vorräte sind in den Schränken, im Gefrierschrank oder auch in der Speisekammer und evtl. im Keller? Bei dieser Gelegenheit schon einmal darüber nachdenken, welches Getränk zum Essen schmecken oder auch passen könnte, es gleich mitnehmen und auch sofort kalt stellen. Denn zehn Minuten vor dem Essen das Bier, den Wein oder gar den Champagner in den Gefrierschrank zu stellen, ist nicht so ganz das Richtige. Der nächste Schritt ist die Überlegung: Worauf habe ich Appetit (Achtung: ein leerer Magen kann zu Fehlentscheidungen führen und die Portionen verdoppeln.) Zum Beispiel ein schönes Steak. Nun gut, aber Steak allein? Welche Beilagen? Wer nicht schon etwas Übung in der Küche hat, der sollte spätestens jetzt ein Kochbuch zur hand nehmen. Da die allgemeine Tendenz in Deutschland klar zum Zweitbuch geht, kann man in vielen Haushalten zwischen mehreren Exemplaren wählen.

Einkaufen

Beim Einkauf immer auf das Mindesthaltbarkeitsdatum (MHD) achten. Dies gilt speziell für Sonderangebote. Angerissene oder beschädigte Packungen stehen lassen. Eierschachteln öffnen und auf angeschlagene Eier hin kontrollieren. Bei Obst auf Druckstellen und angefaulte Früchte achten. Bei Erdbeeren in der Schale oder Ähnlichem liegen meist schöne, große Früchte obenauf, die Stiefkinder unten in der Schachtel. Auch sollte man solche Gebinde kurz nachwiegen (gewisse Zeitgenossen packen gerne mal um).

Hügel von abgepacktem Spargel in der Gemüseabteilung lassen entweder auf echte Schnäppchen schließen oder einfach auf ein Überlager, das möglichst schnell an den Mann gebracht werden muss.
Ruhig mal die Unterseite der Papiermanschette entfernen (hier gibt es manche Überraschung). Frischer Spargel ist hell und saftig, ältere Stangen sehen eher aus wie Sperrholzbündel.
Bei Fleisch-Bedienungstheken auf trockene, saubere Tabletts sowie bei abgepackter Ware auf inliegendes Vlies achten.

Abgehangenes Fleisch ist trocken und hat eine dunklere Farbe. Zu frisches Fleisch ist dagegen meist heller und nass (auch Wasser kann pro Kilo bis zu 60,00 DM kosten).

Offene Frischfischtheken müssen mit genügend Eis aufgefüllt sein, die Fische glänzen und alle Schalentiere geschlossen sein.
Speiseeistruhen haben eine Markierung für die oberste Packungsgrenze. Diese darf nicht überschritten sein.
Vereiste Geräte halten nicht die Mindestlagertemperatur von minus 18° C.

Transport

Im Sommerhalbjahr Lebensmittel möglichst kurz transportieren. Unter Umständen hierfür einen speziellen Kühlbeutel oder eine Kühltasche verwenden. Beim Transport mit dem Auto die Lebensmitteltüten in die hinterste Ecke des Kofferraumes legen (kühlste Stelle im Fahrzeug). Im Winterhalbjahr können solche Kühlbeutel umgekehrt auch gegen Frost schützen.

Lagerung

Alle Lebensmittel nach dem Einkauf aus den Verpackungen entnehmen und sofort aufräumen. Gemüse und Salat im Kühlschrank ins unterste Fach (Gemüsefach) legen. Fisch, Fleisch, Geflügel, Wurst etc. ebenfalls aus Verpackungen entnehmen und sofort in geeignete Behälter mit Tropfeinsatz und verschließbarem Deckel umlegen. Bei Behältern, die keinen Einsatz haben, zuerst mehrere Schichten Küchenkrepp einlegen, um evtl. entstehende Flüssigkeit aufzusaugen. Dieses Papier sollte

man bei längerer Lagerzeit (z. B. übers Wochenende) täglich gegen frisches ersetzen.

Große Käsestücke in gleicher Weise behandeln. Zwei oder drei Würfelzucker dazugelegt

kann Schimmelansatz verhindern (die Bakterien werden so „umgeleitet" und fallen über den Zucker her).

Obst, insbesondere aber alle tropischen Früchte (z. B. Bananen) können bei einer Temperatur von 15-18° C gelagert werden. Fauliges Obst entnehmen und sofort verbrauchen.
Oliven- und Nussöle im Kühlschrank lagern, Kaffee und Brot müssen dort nicht hinein. Radieschen, Rettich und Karotten mit Laub aufbewahren, da sie sonst zu schnell austrocknen.

Vorbereitungen

Wer nun seine Vorräte besichtigt hat und eventuell noch schnell einkaufen war, der kann ans Werk gehen. Zuerst einmal das Werkzeug wie z. B. Schneidebrett, Messer, Schneebesen, Pfanne, Kochtopf etc. bereitstellen. Fehlt etwas, so kann die Geschirrspülmaschine eine wahre Fundgrube sein.

Getränke in den Kühlschrank geben, aber vorher erst einmal alle Lebensmittel-Reliquien aus den hintersten Reihen nach vorne rücken, identifizieren und notfalls begraben. Den Bestand an Eiswürfeln kontrollieren (warmer Martini schmeckt grausam) und bei vorhandener Zeit mal wieder die entsprechende Schale mit Wasser auffüllen.

Küchenlogistik

Mit allen Gerichten, die zeitaufwendiger sind, zuerst beginnen und anschließend den Freiraum nutzen, um Beilagen oder eine Vorspeise herzurichten.
Als Beispiel: Während der „Puszta-Blechkuchen" im Ofen 30 Minuten backen muss, kann man einen Salat zubereiten, Eier für die Vorspeise kochen, schon mal Dosen öffnen, Weißbrot toasten und benötigtes Geschirr zum Anrichten bereitstellen.

Bratkartoffeln

Bratkartoffeln werden besser, wenn sie bereits am Vortag gekocht worden sind. Lassen sich die Kartoffeln nicht schälen (z. B. wenn sie direkt aus dem Kühlschrank kommen), diese in eine Schüssel geben, heißes Wasser einfüllen und ca. 5 Minuten ziehen lassen.

Bratkartoffeln hängen nicht so leicht in der Pfanne fest, wenn diese beschichtet ist. Zum Braten Öl verwenden und dieses vor Zugabe der Kartoffeln gut vorwämen.

Baguette oder Brötchen aufbacken

Backofen auf 160° C vorheizen, Brötchen auf ein Kuchengitter legen, leicht mit Wasser bespritzen und ca. 5-10 Minuten backen.

Dressing

Salatdressing lässt sich besser abschmecken, wenn das dazugehörige Öl erst zum Schluss untergerührt wird. Dieses belegt die Zunge mit einem dünnen Film und verschließt so die Geschmacksknospen.

Eier, gebratene (Spiegeleier)

Spiegeleier bekommen beim Braten keine Flecken, wenn das Salz nur auf das Eiweiß gestreut wird.

Ratgeber

Eier, gekochte

Gekochte Eier lassen sich besser schälen, wenn sie

gleich nach dem Kochen mit reichlich kaltem Wasser abgeschreckt und anschliesend im kalten Wasser geschält werden.

Eier, gerührte (Rühreier)

Rühreier werden lockerer, wenn man etwas Mineralwasser zugibt und sie länger schlägt.

Eier, kochen

Eier vor dem Kochen oben und unten mit einer feinen Nadel anstechen oder die Eier in kaltes Wasser legen und mit dem Wasser aufkochen. Die Garzeit beträgt so je nach Gewicht zwischen 8 und 10 Minuten nach dem Aufkochen des Wassers.

Eier mit Schinken

Spiegeleier mit Schinken werden gleichmäßiger, wenn die Schinkenscheiben vorher von beiden Seiten angebraten werden. Erst dann die Eier daraufgeben und die Temperatur drosseln.

Eier / Rühreier mit Speck

Eier mit Speck werden nicht so fett, wenn zum Braten der Speckscheiben kein zusätzliches Bratfett verwendet wird. Die Speckscheiben in einer vorgeheizten, beschichteten Pfanne beidseitig anbraten und dann die Eier zugeben. Weniger oder kein Salz zum Würzen verwenden.
Bei Rühreiern mit Speck diesen in kleine, dünne Streifen schneiden, ebenfalls in vorgeheizter Pfanne bei hoher Temperatur kross anbraten (bei zu schwacher Hitze beginnt der Speck zu kochen) und geschlagene Eier zugeben.

Eiswürfel

Eiswürfel in Eiswürfelschale zubereiten. Bei größerem Bedarf (z. B. um Getränke in Wasserwannen zu kühlen) unterschiedliche Behälter mit Wasser gefüllt einfrieren. Geeignet sind u. a. ausgewaschene Jogurt- oder Sahnebecher, Vorratsbehälter aller Größen für Wurst, Käse oder Gewürze, Plastikflaschen und Kunststoffbeutel (nicht direkt verwenden z. B. für Longdrinks).

Getränke kühlen

Sollen mehr Getränke als sonst gekühlt werden, kaltes Wasser ins verschlossene Waschbecken einlaufen lassen und Flaschen einlegen. Oder Wasser in die Badewanne einlaufen lassen und die Getränke gleich mit dem Träger (z. B. bei Bier oder Limonade etc.) hineinstellen. Ein noch besserer Kühleffekt wird erzielt, wenn man Eisbrocken dazugibt.

Kochwasser für Nudeln

Der Italiener sagt, man braucht pro Kilogramm Nudeln 3 Liter Wasser. Salz erst kurz vor dem Kochen zugeben, da der Topf sonst einen weißen Rand bekommt.

Salatblätter welk

Welke Salatblätter oder Kopfsalat putzen und kalt waschen. Mit lockeren Fingern abtropfen lassen und in eine Schüssel geben. Mit Klarsichtfolie abdecken und über Nacht in den Kühlschrank stellen (bei Kühlstufe 4-5). Die Blätter nehmen die Feuchtigkeit auf und werden wieder knackig.

Portionen

Da es sich oftmals schnell herumgesprochen hat, wenn jemand allein zu Hause ist, finden sich auch immer nette Menschen, die den gedeckten Tisch mit einem teilen wollen. Deshalb sind alle Rezepte in diesem Buch rein vorsorglich für 4 Personen geschrieben worden.

Teller wärmen

Bei 60 bis 80° C im Backofen vorwärmen oder Teller anfeuchten und für 2 Min. bei 180 Watt in die Mikrowelle geben. Ferner einzeln unter fließendes, heißes Wasser halten und kurz abtrocknen.

Werkzeuge

Dosenöffner

Rutscht der Dosenöffner beim Ansetzen ab, kleines Loch mit einem spitzen Gegenstand (Körner, Ahle) vorstechen.

Gabeln

Küchen- oder Fleischgabeln immer mit der Spitze nach hinten in die Schublade legen und/oder auf Spitzen einen Korken zur Sicherung aufsetzen.

Korkenzieher

Korkenzieher leicht schräg ansetzen und dann in den Korken eindrehen. Mit einem leichten Schlag auf den Griff den Korken ein wenig nach unten treiben und dann mit einem Ruck herausziehen (dadurch bricht angesetzter Weinstein im Flaschenhals).

Messer

Grundsätzlich sollte die Klinge nicht kürzer sein als das Mate rial, das man schneiden möchte. Mit einem kleinen kurzen Messer einen Weißkohl zu halbieren ist nicht nur kaum möglich, sondern auch gefährlich. Messer nach Gebrauch sofort ab putzen oder spülen. Messer nicht im Spülwasser liegen lassen oder Messer mit Holzgriffen nicht in die Spülmaschine geben (Griffe werden ausgelaugt).

Pfannen

Wenn höhere Temperaturen (180 bis 220° C, Stufen 8-9/12) zur Zubereitung von Gerichten gefordert werden, eignen sich am besten Pfannen aus Chrom-Nickel-Stahl oder Gusseisen, für den mittleren und unteren Temperaturbereich (120 bis 180° C, Stufen 1-4 und 5-7) beschichtete Pfannen.

Schneebesen

Die Größe (klein für Puddingpulver, Rühreier etc., größer z. B. für Pfannkuchenteig) und Beschaffenheit (dünne oder dicke Drähte) der Schneebesen immer entsprechend dem vorgesehenen Arbeitsvorgang wählen.

Siebe

Siebe nach Gebrauch entweder in heißem Wasser einweichen oder sofort spülen, da sich sonst die feinen Löcher zusetzen.

Schneidebrett

Zum Schneiden immer ein Brett benutzen. Feuchtes, nicht zu kleines Tuch als Unterlage verhindert das Wegrutschen und erleichtert

das anschließende Saubermachen.

Kochen ist Glückssache

– aber heute haben wir Glück!

Wer sich noch nicht so richtig traut, für den sind im Schwierigkeitsgrad I Rezepte mit einer relativ hohenTrefferquote zusammengetragen worden. Zuerst mal mit einer Schürze verkleiden, dann ein Blick in das Rezept und die Lebensmittel zusammengesucht. Das Werkzeug zurechtlegen, die Messer wetzen (aber nur wenn man es wirklich kann) und den Ofen scharf gemacht. Ein letzter Rundblick in die noch aufgeräumte Küche. Um die spätere Wiederherstellung zu erleichtern, empfiehlt es sich, ein paar Erinnerungsfotos zu machen.

Bananen, Granatäpfel, Grapefruits, Kiwis, Orangen lagern

Südfrüchte sollte man nicht unbedingt im Kühlschrank lagern. Haben Bananen noch leicht grüne Spitzen, so halten diese ca. 3 bis 4 Tage bei normaler Küchentemperatur (20–22° C). Bekommt die Schale leichte, schwarze Flecken, ist der optimale Reifegrad erreicht. Grapefruits vertragen durchaus 3 bis 4 Tage normale Zimmertemperatur. Kiwis und Granatäpfel können im Kühlschrank gelagert werden, sollten aber ins unterste Gemüsefach gelegt werden. Orangen können ebenfalls bis zu einer Woche bei Zimmertemperatur (18 – 20° C) gelagert werden.

Blumenkohl waschen

Blumenkohl zunächst in handwarmes Wasser unter Zusatz von etwas Salz (je 5 Liter ca. 2 TL) geben und 10 Minuten liegen lassen. Dies lässt „ungebetene Gäste" auftauchen. Anschließend mit reichlich kaltem Wasser durchspülen.

Eierstich, lagern, vorbereiteten

Eierstich nach dem Auskühlen schneiden und in leichtes Salzwasser (je 1/4 Liter ca. 1/2 TL Salz) legen. Im abgedeckten Gefäß im Kühlschrank ca. 48 Stunden haltbar.

Eier verquirlen

Beim Verquirlen von Eiern mit Milch erst die Eier leicht schaumig schlagen, dann die Milch nach und nach zugeben. Eventuell im Rezept angegebene Gewürze gleich mit den Eiern schaumig schlagen. So wird die Eiermilch gleichmäßiger.

Flaschen öffnen

Flaschen mit Schraubverschluss

(Limonade, Fruchtsaft, Mineralwasser etc.) lassen sich leichter öffnen, wenn mit der einen Hand der Verschluss festgehalten wird und man mit der anderen Hand den Flaschenboden dreht (Übersetzungsprinzip z. B. beim Fahrrad). Hartnäckige Verschlüsse mit einer Nusszange aufdrehen. Um das Abrutschen am Verschluss zu verhindern, nacheinander erst ein feuchtes Schwammtuch, dann ein trockenes Küchentuch darüber legen und aufdrehen.

Fleischbrühe, instant

Durch Zugabe von klein geschnittenem Suppengrün und Zwiebel kann man beim Kochen von Instantfleischbrühe den Eigengeschmack verbessern.
Gut geeignet hierfür ist besonders ein kleiner Zweig Liebstöckel (auch Maggikraut genannt).

Fleisch einlegen, marinieren

Fleischteile vor dem Marinieren oder Einlegen immer gut trocknen (z. B. mit Küchenkrepp).
Den Boden des Vorratsbehälters zuerst mit etwas Marinade bestreichen und dann schichtweise die gewürzten Fleischteile einlegen. Zum Schluss mit einem Kartoffelstampfer oder Teller das Fleisch etwas drücken, um Hohlräume aufzufüllen. Die Zugabe von Lorbeerblatt, Thymian oder zerdrückten Wacholderbeeren verbessert nicht nur den Geschmack, sondern hat

noch zusätzlich eine konservierende Wirkung.

Geflügel würzen

Da auf der Oberhaut von Geflügel Gewürze nur schlecht liegen bleiben, die Haut vorher mit etwas Salatöl einpinseln und dann würzen.

Eine weitere Möglichkeit besteht darin, aus verwendeten Gewürzen und Öl eine Paste zu rühren und damit das Geflügel einzureiben.

Glaskonserven öffnen

Deckel von Glaskonserven (z. B. Champignons, Spargel oder Honig) nach links aufdrehen. Bei größerem Widerstand zunächst mit dem flachen Handballen mehrmals auf den Konservenboden schlagen und es dann erneut probieren.

Führt dies auch zu keinem Ergebnis, heißes Wasser über den Deckel laufen lassen. Als letzte Möglichkeit bleibt dann noch den Blechdeckel mit einem spitzen Gegenstand anzustechen, um das Vakuum im Glas zu lösen.

Honig, grieselig

Honig, der grieselig aussieht, ist ausgezuckert. Das Glas für ca. 20 Minuten in ein 50-60° C heißes Wasserbad stellen und mit einem kleinen Schneebesen wieder glatt rühren.

Knoblauch teilen

Getrocknete Knoblauchknollen mit dem Wurzelansatz nach unten auf den Tisch legen, festhalten und mit der anderen flachen Hand kräftig obendrauf schlagen. So springen die Zehen auseinander. Frische, saftige Knollen mit einem kleinen, spitzen Messer teilen.

Kräuter hacken

Kräuter lassen sich normalerweise mit einem Wiegemesser gut hacken. Ist dieses jedoch nicht mehr so scharf, werden die Kräuter gequetscht und können dadurch bitter werden. Dies kann auch für elektrische Hackgeräte in der Küche gelten. Dann sollte man lieber auf ein großes, scharfes Küchenmesser zuruckgreifen.

Lauch (Porree) waschen

Lauch kann oftmals im Inneren sehr sandig sein. Zuerst von der Lauchstange die Wurzeln abschneiden, dann die dunkelgrünen Blattenden begradigen und bei etwas älterem Gemüse die äußere Schale abziehen. Dann mit einem spitzen Messer ca. 2 cm nach dem Wurzelende in die Stange einstechen und diese der Länge nach auf schlitzen. Mit dem Daumen leicht aufblättern und unter fließendem, kaltem Wasser gründlich auswaschen.

Muscheln kochen

Die zum Kochen angegebene Flüssigkeitsmenge verdreifachen und evtl. noch etwas geschnittene Fenchelknolle dazugeben. Sind die Muscheln verzehrt, den übrig gebliebenen Muschelfond um 1/4 einkochen, auf Tellern anrichten und mit Baguette oder Toastbrot austunken.

Nudeln kochen

Nudeln „al dente" kochen, abgießen und die heißen Nudeln zum Nachziehen für ca. 5 Minuten in einen lebensmittelgeeigneten Vorratsbehälter geben. So können die Teigwaren auf den Punkt genau nachziehen und bleiben bis zum Anrichten heiß.

Nudeln vorkochen

Wenn Nudeln bereits am Vortag gekocht werden, diese nach dem Abgießen gründlich mit kaltem Wasser durchspülen. Anschließend abtropfen lassen und mit etwas Speiseöl vermischen. So kleben die Nudeln nicht zusammen.

Petersilie

Glatte Petersilie hat wesentlich mehr Aroma als Krauspetersilie. Deshalb sollte man letztere eher zum Garnieren und weniger zum Kochen benutzen. Petersilie zum Aufbewahren in ein Glas mit wenig Wasser stellen. Im Kühlschrank verlängert sich die Haltbarkeit um ca. 2 Tage.

Senf

Wer keinen Düsseldorfer Senf zur Verfügung hat, der kann auch Dijon-Senf verwenden. Auch ein normaler, mittelscharfer Senf, mit etwas Meerrettich und/oder Tabasco verrührt, erreicht die gewünschte Schärfe. Hier jedoch immer ein wenig Zucker oder besser ein paar Tropfen flüssigen Süßstoff zugeben, damit der „hauseigene Senf" nicht zu kratzen beginnt.

Speiseöl, trübe

Speiseöl wird meist dann trübe, wenn es zu kalt (im Kühlschrank oder Gefrierschrank) gelagert worden ist. Flasche einfach für 3-4 Stunden bei Küchentemperatur stehen lassen.

Dazwischen mehrmals aufschütteln. Nussöle zum Beispiel immer nur in kleinen Mengen kaufen, da diese bei Küchentemperatur gelagert sehr leicht ranzig werden können. Nicht so empfindlich sind hier Olivenöle.

Tortenguss, blasenfrei

Den heißen Tortenguss durch ein Teesieb direkt auf den Kuchen gegossen verhindert die Bildung von Luftblasen. Zusätzlich werden eventuell bei der Zubereitung entstandene Klümpchen zurückgehalten.

Tomaten schneiden

Hierfür braucht man nicht unbedingt ein spezielles Tomatenmesser. Mit einem anderen Sägemesser hat man den gleichen Erfolg. Sind die Tomaten schon weicher, jede Schnittstelle mit der Messerspitze vorher anstechen und dann schneiden.

Tomaten abziehen

Mit einem spitzen Messer den Fruchtansatz kreisförmig

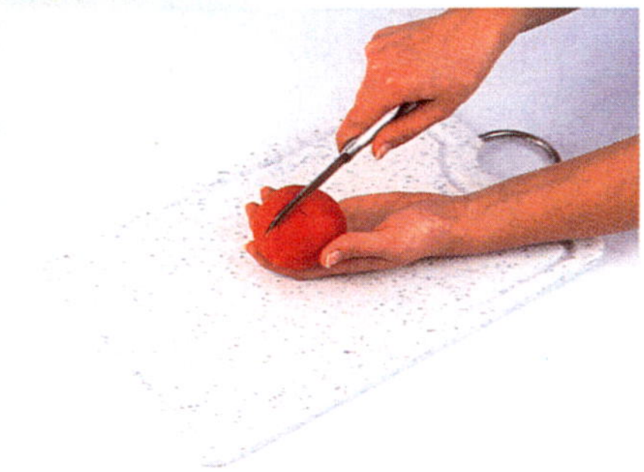

herausschneiden. Die gegenüberliegende Seite kreuzweise einritzen und die Tomate in kochendes Wasser geben.

Platzt die Haut auf, das Gemüse in eine Schüssel mit

kaltem Wasser geben. Anschließend kann man die

Haut mühelos abziehen.

Wein, zum Kochen

In vielen Fällen sind herbe, trockene Weine zum Kochen besser geeignet als eher süße Weine. Grundsätzlich liegt man bei einfachen Tafelweinen, ob rot oder weiß, nie verkehrt. Bei den Weißweinen eignen sich Riesling, Silvaner, Chardonnay oder „notfalls" auch ein Pinot Grigio zum Kochen.

Bei den Rotweinen sind Trollinger, Lemberger, Burgunder oder Schwarzriesling gut brauchbar. Alte Bordeaux, Chablis oder gar Champagner gehören eher ins Glas als zum Strecken von Sauce verwendet zu werden. (Gewisse Söhne haben da oftmals keinerlei Skrupel.) Schon längst vergessene „Fundstücke", die ihr Dasein in den hintersten Kellerecken gefristet haben, sollten auf jeden Fall vor Gebrauch erst einmal probiert werden.

Die Regel, dass man niemals einen Wein zum Kochen nehmen sollte, der einem selber nicht schmeckt, hat durchaus ihre Berechtigung.

Zucchini hobeln

Zucchini lassen sich leicht mit einem Gurkenhobel schneiden. Dabei den Hobel schräg in eine Schüssel stellen und diese durch Unterlegen eines feuchten Tuches gegen Wegrutschen sichern.

Apfelschneegestöber

Zutaten:

7 Äpfel (z. B. Cox Orange)
5 EL Zucker
2 EL Williams Christ Obstbrand
abgeriebene Schale einer unbehandelten Zitrone
60 ml Apfelsaft
4 Eiweiß
1 Päckchen Vanillezucker
30 g Butter
1 TL Zimt

Zubereitung:

1. Äpfel schälen, vierteln und Kerngehäuse entfernen.

2. Die Apfelstücke sehr grob raffeln.

3. Mit Zucker, Williams Christ Obstbrand, Zitronenschale und Apfelsaft mischen.

4. Eiweiß mit Vanillezucker zu sehr steifem Schnee schlagen.

5. Eine flache, runde Auflaufform oder Portionsförmchen mit Butter einfetten.

6. Apfelmasse und Eischnee vorsichtig mischen und in die Auflaufform füllen.

7. Im vorgeheizten Ofen bei 120° C ca. 25 Minuten backen.

8. Mit etwas Zimtzucker überpudern und lau warm servieren.

Zubereitungszeit: ca. 25 Minuten
Pro Portion: ca. 291 kcal / 1218 kJ

Tipp:

- Für 1-2 Portionen aus Rest von Apfelmus, mit gleichem Teil steif geschlagener Sahne, Zimtzucker und wenig weißem Obstbrand gemischt zubereiten, anrichten und sofort servieren.

Tomaten-Zucchini-Salat mit Mozzarella

Zutaten:

1 große Zucchini (ca. 400 g)
4 Tomaten (ca. 400 g)
250 g Mozzarella (z. B. Zottarella von Zott)
4 EL Olivenöl

Für die Vinaigrette:

Saft von 1/2 Zirtone
Salz, Pfeffer aus der Mühle
1 fein gehackte Knoblauchzehe
2 EL fein gehackte, frische Kräuter (z.B. Petersilie, Basilikum, Oregano)

Zubereitung:

1. Die Zucchini gründlich waschen und hobeln.

2. Mit 2 EL Öl die Zucchinischeiben von beiden Seiten in der Pfanne kurz anbraten. Die Tomaten und den Käse in Scheiben schneiden.

3. Aus Zitronensaft, Salz, Pfeffer, Knoblauch, den Kräutern und dem restlichen Olivenöl eine Vinaigrette zubereiten.

4. Zucchinischeiben, Tomaten und Käse abwechselnd in eine Form schichten, dabei die Vinaigrette löffelweise dazwischenstreichen.

5. Mit Vinaigrette abschließen.

Zubereitungszeit: ca. 25 Minuten
Pro Portion: ca. 470 kcal / 1966 kJ

Tipp:

- Das Basilikum nicht hacken, sonst wird es schwarz und bitter.
- Der Vinaigrette etwas frischen Zitronenthymian zugegben, das lässt den Salat pikanter werden.
- Sind die Zucchini schon zu weich, diese mit einem scharfen Messer in dünne Scheiben schneiden.
- Wenn genügend Zeit vorhaden ist, den Salat abgedeckt 2 Stunden im Kühlschrank ziehen lassen. Dann schmeckt er besonders frisch.

Klare Gemüsebrühe mit Eierstich

Zutaten:

30 g Butter
1 Zwiebel
1 Karotte
1 kleines Stück Sellerie
1 Petersilienwurzel
1 kleine Stange Lauch
1 1/2 l Wasser
Salz, Pfeffer, Muskatnuss
2 Eier
100 ml Milch
Butter
Salz, Muskatnuss

Zubereitung:

1. Das Gemüse waschen, putzen und klein schneiden.

2. In der Butter kurz anrösten, mit Wasser aufgießen, würzen und gut 1 Stunde köcheln lassen.

3. Das Gemüse über einem Topf abseihen und die Brühe leicht köcheln lassen. Eier mit Milch verquirlen, würzen, in eine kleine, gebutterte Kastenform geben und so lange im Wasserbad sieden, bis die Masse stockt.

4. Anschließend stürzen und würfeln. Die Würfel in Suppenteller legen und mit heißer Brühe aufgießen.

Zubereitungszeit: ca. 75 Minuten
Pro Portion: ca. 190 kcal / 794 kJ

Tipp:

- Zur Weihnachtszeit fertigen Eierstich erst in Scheiben schneiden und dann mit Plätzchenausstecher in Sternform ausstechen. Verbliebene Reste mit Messer grob hacken und ebenfalls der Suppe zugeben.
- Wenn keine Kastenform vorhanden ist, Lasagneform oder Butterdose aus Porzellan oder Metall mit hohem Rand verwenden.
- Eierstich abgedeckt im Wasserbad bei 140° C ca. 45 Minuten im Backofen garen.
- Zeitersparnis bringt die Zubereitung des Eierstichs am Vortag.

Variante:

Soll die Gemüsebrühe farblich angereichert werden, vor dem Anrichten geraspelte Karotte und Schnittlauchröllchen in die vorgewärmten Teller geben.

Blumenkohl mit Schinkensoße

Zutaten:

1 frischen Blumenkohl, geputzt etwa 800 g
1 Becher = 150 g Landrahm (z. B. von Rotkäppchen)
0,1 l Milch
50 g geriebenen Gouda-Käse
Meersalz, geriebene Muskatnuss, Zitronensaft
100 g gekochten Schinken

Zubereitung:

1. Blumenkohl putzen, waschen und in leichtem Salzwasser ca. 10 Minuten nicht zu weich kochen und zur Seite stellen.

2. Landrahm und Milch mischen, erhitzen und den Käse zugeben. Rühren, bis der Käse geschmolzen ist. Mit Salz, Muskatnuss und Zitronensaft abschmecken.

3. Den Schinken in dünne Streifen schneiden und zugeben.

4. Den Blumenkohl abgießen, auf einem Teller anrichten und mit der Soße überziehen.

Zubereitungszeit: ca. 30 Minuten
Pro Portion: ca. 385 kcal / 1611 kJ

Tipp:

- *Der erhitzten Rahm-Milchmischung etwas weißen Soßenbinder zugeben. Dies verhindert das Gerinnen der Schinkensoße.*
- *Als Beilage gekochte Salzkartoffeln servieren.*
- *Anstelle von frischem Blumenkohl 500 g aufgetauten (ca. 800 g) Blumenkohl aus der Tiefkühltruhe verwenden.*

Variante: Blumenkohlauflauf

Blumenkohlröschen abgetropft in gefettete Auflaufform geben, mit Schinkensoße überziehen, mit geriebenem Käse bestreuen und bei 160° C ca. 20 Minuten im Backofen überbacken.

Kräuter-Nudeln

Zutaten:

300 g extra breite Nudeln (z. B. von 3 Giocken)
Meersalz mit Jod und Fluor
2 TL Öl
2 kleine Zwiebeln
5 EL Wasser oder Fleischbrühe
3 Knoblauchzehen
2 Bund glatte Petersilie
4 EL Öl
Salz, Pfeffer
200 g Kirschtomaten

Zubereitung:

1. Nudeln „al dente" (mit Biss) in Salzwasser mit 2 TL Öl 6-7 Minuten kochen.

2. Inzwischen Zwiebeln fein würfeln und mit 5 EL Wasser dünsten.

3. Geschälte Knoblauchzehen, gewaschene Petersilie (einige Blättchen zurücklassen) und Öl mit dem Schneidstab des Handrührgerätes fein pürieren, mit Salz und Pfeffer würzen.

4. Nudeln abgießen, kurz kalt abschrecken, mit der Petersiliensoße mischen.

5. Vor dem Servieren mit gezupfter Petersilie bestreuen und mit Tomatenscheiben garnieren.

Zubereitungszeit: ca. 25 Minuten
Pro Portion: ca. 437 kcal / 1828 kJ

Tipp:

- Unter die Petersilie etwas frisches Basilikum oder Pesto gemischt ergibt einen pikanten Geschmack.
- Petersilie durch 2 EL Pesto ersetzen.
- Tomatenscheiben vor dem Anrichten mit Salz und Pfeffer würzen und kurz in die Mikrowelle geben.

Herzmuscheln in Weißweinsoße

Zutaten:

2 Zwiebeln
2 Knoblauchzehen
4 EL Olivenöl
1 kg Herzmuscheln
Salz, Pfeffer
1 Bund Glattpetersilie
1 Glas trockenen Weißwein (z. B. aus Spanien)

Zubereitung:

1. Herzmuscheln sorgfältig mehrmals waschen.

2. Zwiebeln fein würfeln.

3. Knoblauch schälen und hacken.

4. Von der Petersilie die Blätter abzupfen.

5. Öl in einem flachen Topf erhitzen, Zwiebelwürfel und Knoblauch darin glasig werden lassen und die Muscheln zugeben.

6. Mit Salz und Pfeffer würzen.

7. Mit Wein angießen und im geschlossenen Topf ca. 15 Minuten dämpfen, bis sich die Muscheln geöffnet haben.

8. Petersilie untermischen und Muscheln in tiefen Tellern anrichten.

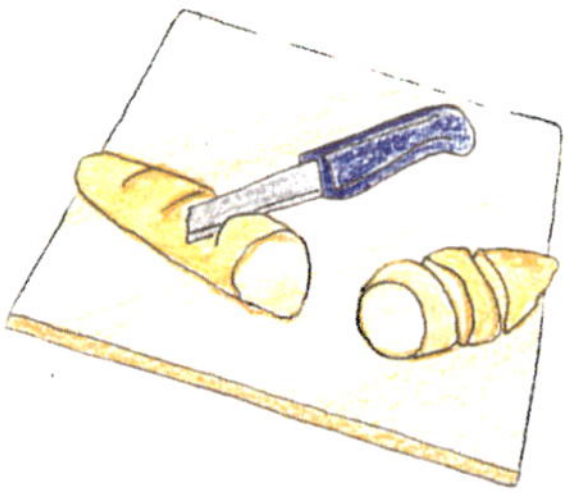

Zubereitungszeit: ca. 40 Minuten
Pro Portion: ca. 271 kcal / 1128 kJ

Tipp:

- Bereits vor dem Kochen geöffnete Muscheln sind unbraucbar (Vergiftungsgefahr!)
- Hartnäckige Verunreinigungen (z. B. Kalkablagerungen wie Seepocken) an der Schalenaußenseite mit kleinem Küchenmesser abschben.
- Dazu einen spanischen Weißwein, z. B. Albarino D.O. Rias, Baixas, und frisches Baguette oder warmes Knoblauchbaguette servieren.

Sherry
FINO
Consejo Regulador
de la denominacion de origen
JEREZ-XÉRÈS-SHERRY

Hähnchenspieße mit Früchten und Currysoße (2 Portionen)

Zutaten:

1 Hähnchenbrustfilet (150 g)
Speiseöl zum Braten
Pfeffer, Salz, Paprikapulver
1 Kiwi
1 Orange
3 Scheiben Ananas aus der Dose
2 Spieße
1 EL Crème fraîche
1 EL Jogurt
1 TL Curry
1 EL Ananassaft

Zubereitung:

1. Hähnchenbrustfilet waschen und trockentupfen.
2. Mit Pfeffer, Salz und Paprikapulver würzen.
3. In heißem Öl ca. 9 Minuten von beiden Seiten braten.
4. In ca. 10 Würfel schneiden.
5. Kiwi schälen und in dicke Scheiben schneiden. Orange schälen und in Würfel schneiden.
6. Ananasscheiben in Stücke schneiden (Saft aufheben).
7. Abwechselnd abgekühltes Hähnchenfleisch und Früchte aufspießen.
8. Für die Soße Crème fraîche, Jogurt, Curry und Ananassaft verrühren und mit Salz abschmecken.
9. Auf Tellern mit Kiwischeiben garniert servieren

Zubereitungszeit: ca. 25 Minuten
Pro Portion: ca. 442 kcal / 1859 kJ

Tipp:

- *Wenn beim Braten des Geflügels eine Mischung aus Butter und Öl (50 : 50) verwendet wird, bleibt dieses saftiger (Temperatur verringern).*

Spareribs „Ranchero"

Zutaten:

2000 g Spareribs
3 EL Speiseöl
2 EL Chilisoße
2 EL Sojasoße
1 EL Honig
1 EL Düsseldorfer Senf
Chilipulver, Currypulver, Paprikapulver, Salz
1 Rolle (125 g) fertige Grillbutter (z. B. Meggle Steak- und Grillbutter)

Zubereitung:

1. Spareribs waschen und trockentupfen.

2. Für die Marinade Öl, Chili, Sojasoße, Honig und Senf verrühren und mit den Gewürzen pikant abschmecken.

3. Die Rippchen damit einpinseln und ca. zwei Stunden abgedeckt im Kühlschrank durchziehen lassen.

4. Auf dem Grill unter gelegentlichem Wenden knusprig braun grillen.

5. Grillbutter in Scheiben schneiden und auf den Spareribs schmelzen lassen.

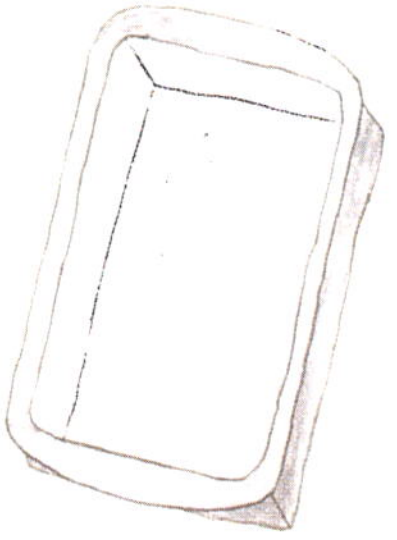

Zubereitungszeit: ca. 30 Minuten (ohne Marinierzeit)
Pro Portion: ca. 550 kcal / 2285 kJ

Tipp:

- Bei zu dicken Stellen an den Spareribs Fleisch seitlich einschneiden und umklappen.
- Bei Verwendung von Gas- bzw. Lavastein-Grillgeräten nach Vorheizen Gaszufuhr minimieren, da die Steine die Wärme stark abstrahlen. Bei geschlossenem Grilldeckel garen die Spareribs gleichmäßiger.
- Um ein Anbrennen zu verhindern, als Unterlage im Handel angebotene Aluminium-Grillschalen verwenden.

Bohneneintopf, einfacher (2 Portionen)

Zutaten:

300 g grüne (frische oder tiefgefrorene) Bohnen
400 g Kartoffeln
1 Zwiebel
75 g durchwachsener Speck
2 EL Öl (z. B. Mazola Keimöl)
1 l Wasser
2 Würfel Kräuterpaste (z. B. Knorr Kräuterlinge Küchenkräuter)
evtl. Pfeffer und Salz

Zubereitung:

1. Bohnen putzen, waschen und in Stücke schneiden bzw. tiefgefrorene Bohnen auftauen lassen.

2. Kartoffeln schälen, waschen und würfeln.

3. Zwiebel schälen. Zwiebel und Speck in Würfel schneiden und in heißem Öl andünsten.

4. Bohnen und Kartoffeln dazugeben und mitdünsten.

5. 1 l Wasser dazugießen und aufkochen.

6. Die Kräuterpaste dazugeben und unter Rühren auflösen.

7. Gemüse mit geschlossenem Deckel bei schwacher Hitze etwa 30 Minuten garen.

8. Den Bohneneintopf nach Belieben mit Salz und Pfeffer abschmecken.

Zubereitungszeit: ca. 45 Minuten
Pro Portion: ca. 277 kcal / 1150 kJ

Tipp:

- Die Zugabe von etwas Bohnenkraut oder auch Thymian erhöht den Eigengeschmack des Gemüses.

Variante: Bohneneintopf, schneller

Speck und Zwiebel anbraten, 1 große Dose (1/1) grüne Bohnen öffnen, zunächst nur mit dem Bohnenfond angießen und Kartoffeln darin garen. Erst zum Schluss Bohnen zugeben, kurz aufkochen und abwürzen wie beschrieben. Bei Verwendung von gekochtenKartoffeln diese entweder erst zum Schluss oder zusammen mit den Dosenbohnen zugeben.

Heute kocht der „Chef“

– essen wir trotzdem!

Nun geht es an die Schwierigkeitsstufe II. Aus den ersten Misserfolgen hat man schließlich gelernt und auch die Küche befindet sich wieder in einem annehmbaren Zustand. In Mutters ganzem Stolz, dem Ceran-Kochfeld, spiegeln sich nun wieder die Oberschränke. Nicht vergessen, eine neue Flasche Reinigungsmilch für den Ofen sowie eine neue Salatschüssel vom Zwiebelmustergeschirr auf den Einkaufszettel zu schreiben. Besagte Schüssel hat sich kurz vor dem Abspülen wie von selbst durch einen Sturz in die Tiefe zerstört.
Die Telefonnummer vom Pizza-Home-Service ist auch nicht zum Einsatz gekommen und die Spuren der geschmolzenen Puderzuckermühle sind auch beseitigt.

Kurzum: Die Küchenwelt ist wieder in Ordnung.

Dill hacken

Als Vorrat frische Dillsträußchen waschen und trocknen. Anschließend in einen Gefrierbeutel geben und über Nacht einfrieren. Am kommenden Tag den Beutel mehrmals auf den Tisch schlagen und die Stiele entfernen. Die Dillspitzen in einen Vorratsbehälter umfüllen.

Eier kochen und schälen

» Allgemeiner Ratgeber: Eier, gekochte

Erdbeeren einkaufen

» Allgemeiner Ratgeber: Einkaufen

Erdbeeren trocknen

Erdbeeren nach dem Waschen auf Küchenkrepp auslegen und mit Küchenkrepp abdecken. Mit flachen Händen die obere Lage vorsichtig andrücken. Wenn nötig, den Vorgang so lange wiederholen, bis die Früchte trocken sind.

Erdbeeren waschen

Erdbeeren stets vor dem Schneiden waschen. Werden die Früchte erst geschnitten und dann gewaschen, verlieren sie stark an Aroma.

Fett sparen

Öl nicht in die kalte Pfanne geben, sondern diese erst vorwärmen (Elektroherd Stufe 4-5). Kommt erst dann das Öl hinein, so verteilt sich dieses sofort dünnflüssiger und man nimmt automatisch nur etwa die Hälfte der sonst gewohnten Menge. Butter oder Margarine hingegen gibt man in die kalte Pfanne, da diese Fette in der heißen Pfanne sofort braun bzw. schwarz werden.

Fleischstücke portionieren

Ein Stück Rinderlende gleichmäßig zu portionieren, kann für Ungeübte durchaus Probleme aufwerfen. Diese kann man wie folgt bewältigen: Das Fleisch auf ein Schneidebrett legen und von allen Seiten trocknen. Dann durch leichtes Klopfen mit dem Handballen breit machen und anschließend durch Zusammenschieben wieder in eine gefällige Form bringen (etwa wie

einen Weihnachtsstollen). Durch seitliches Anlegen eines Lineals und Kennzeichnung von Portionsgrößen kann man auch Teilmengen errechnen und abschneiden.

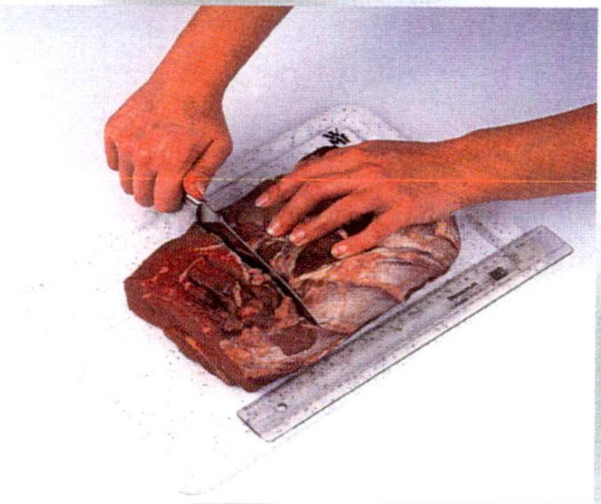

Ein Beispiel: Das Rinderlendenstück ist 20 cm lang und wiegt ca. 2 kg. Man benötigt 4 Steaks à 200 g. Also braucht man sofort 800 g von dem 2-kg-Stück. Mit einem Messer ritzt man nun vorsichtig das Lendenstück alle 2 cm ein und schneidet gemäß der Markierung von vorne die 4 benötigten Steaks ab. Es bleibt ein Rest von 1200 g. Diesen kann man nun entweder ebenfalls aufschneiden und für eine spätere Verwendung in den Kühlschrank geben oder das Stück im Ganzen lassen und einfrieren.

Fruchtsalat abschmecken

Um den Geschmack von Fruchtsalaten zu steigern, nach dem Abschmecken noch etwas klaren Fruchtlikör zugeben. Geeignet hierfür sind zum Beispiel Maraschino, Cointreau oder Pfirsichliköre. Sehr vorsichtig sollte man mit Likören aus Pfefferminz umgehen, da deren starkes Aroma oftmals den Eigengeschmack des Salates stark verfälschen kann.

Fruchtsalat anrichten / dekorieren

Sehr dekorativ wirkt Fruchtsalat, wenn er in langstieligen Gläsern angerichtet wird. Vor der Zubereitung sollte man sich immer einige schöne Früchte zurückbehalten, um daraus dann Garnituren schneiden zu können, zum Beispiel aus Erdbeeren halbe Erdbeerfächer, aus halben Pfirsichen Pfirsichspalten usw. Auch kurz in der Pfanne geröstete Mandeln oder Nüsse, Schlagsahne und Waffeln eignen sich gut zum Dekorieren. Anstelle von Pfefferminzblättern kann man auch Blätter der Zitronenmelisse verwenden.

Gekochtes Geflügel schneller abziehen

Geflügel mit einem Sieblöffel aus der heißen Brühe in eine Schüssel mit kaltem Wasser umlegen. Nach ca. 5 bis 10 Minuten ist das Geflügel abgekühlt und man kann die Haut abziehen.

Gemüse (TK) schnell auftauen

Tiefgefrorenes Gemüse in eine Schüssel geben (Porzellan, Glas oder mikrowellengeeigneter Kunststoff), abdecken und bei 180 Watt für ca. 6 bis 8 Minuten in die Mikrowelle geben. Zwischendurch Auftauvorgang unterbrechen und Gemüse umrühren. Oder TK-Gemüse in eine Schüssel geben, kurz mit kochendem Wasser überbrühen, sofort abseihen und in eine Schüssel mit kaltem Wasser geben. Nach ca. 5 Minuten erneut ins Sieb zum Abtropfen schütten.

Himbeeren einkaufen

» Allgemeiner Ratgeber: Einkaufen

Honigmelone einkaufen

Eine reife Melone erkennt man daran, dass diese beim Drücken mit dem Daumen auf den oben und unten gelegenen Melonenmittelpunkt nachgibt. Einen weiteren Hinweis auf Reife erhält man durch einfaches Klopfen an der Frucht. Klingt diese hohl, so ist sie gebrauchsfertig.

Honigmelone, Teilmenge aufbewahren

Teile von Honigmelonen mit Klarsichtfolie überziehen. Dabei aber darauf achten, dass sich zwischen Frucht und Folie keine Luftblasen bilden. Diese durch einfaches Glattstreichen zur Außenseite hin entfernen.

Kapern, Teilmenge entnehmen

Wird von einer größeren Einheit nur eine Teilmenge Kapern benötigt, so ersetzt man den evtl. entstandenen Flüssigkeitsverlust im Glas durch Nachfüllen von Essigwasser. Um das richtige Verhältnis von Essig zu Wasser festzustellen, einfach eine Kaper probieren. Anstelle von

Essigwasser kann auch die Flüssigkeit von eingelegten Gurken verwendet werden.

Kartoffeln kochen

Beim Kochen von Kartoffeln immer nur so viel Wasser auffüllen, dass diese gerade eben bedeckt sind. Salz bereits vorher zugeben, da das einlaufende Wasser dieses im Topf besser verteilt.

Kartoffeln, neue

Neue Kartoffeln gründlich waschen und mit der Schale kochen. Die Zugabe von Kümmelkörnern (je Kilogramm Kartoffeln 2 Teelöffel Kümmel) erhöht den Eigengeschmack.

Kartoffeln schälen

Geschälte und/oder geschnittene Kartoffeln niemals trocken auf der Arbeitsfläche oder in einer Schüssel liegen lassen, sondern sofort ins kalte Wasser geben. An der Luft oxidieren diese und werden braun. Bei größeren Mengen Schüssel in das Spülbecken stellen, geschälte Kartoffeln hineingeben und während des Arbeitens stetig wenig kaltes Wasser zulaufen lassen. Auf diese Weise wird überzählige Stärke gleich abtransportiert.

Melonen ausstechen

Um aus Melonenhälften Kugeln auszustechen, verwendet man am besten einen so genannten „Pariser Ausstecher". Diesen geschliffenen Kugelausstecher gibt es in verschiedenen Größen und er ist im Fachhandel und in den meisten Kaufhäusern erhältlich.

Mozzarella schneiden

Zunächst einmal den Käse gut kühlen (am besten über Nacht im Kühlschrank). Dann mit einem scharfen Messer erst in Scheiben, dann die Scheiben in dünne Streifen schneiden. Der Käseblock lässt sich aber auch auf einer guten Aufschnittmaschine wie beschrieben aufschneiden (in jedem Fall aber den Handschutz benutzen!)

Paprikaschoten putzen

Schote waschen, einen Deckel

ca. 1 cm unterhalb des Fruchtansatzes (Stiel) abschneiden, mit drei Fingern das Innere des Gemüses säubern und durch leichtes Aufklopfen evtl. noch vorhandenen Samen entfernen.

Pinienkerne bekommen feineren Geschmack

Der Eigengeschmack von Pinienkernen wird erhöht, wenn diese vorher in einer trockenen Pfanne leicht hellbraun geröstet werden. Dabei mehrmals schwenken oder mit einem Holzlöffel rühren.

Putenbrust leichter schneiden

Vor Gebrauch das Putenbrustfleisch je nach Gewicht zwischen 30 und 60 Minuten einfrieren. So kann das Geflügel anschließend gleichmäßiger geschnitten werden.

Rumpsteak, Qualität

» Allgemeiner Ratgeber: Einkaufen

Sahne gerinnt nicht

Vor Verwendung je 100 g Sahne mit 1 Msp Speisestärke separat verrühren und in die siedende Suppe oder Soße geben. So gerinnt die Sahne beim Kochen nicht. Zwar werden Suppen oder Soßen dann etwas dicker, können aber wieder mit Milch gestreckt werden. Ein anschließendes Abschmecken ist dann erforderlich.

Salatgurke verzieren

Die Außenhaut der Salatgurke nach dem Waschen mit einem so genannten Ziselierer der Länge nach keilförmig einritzen. Beim Hobeln oder Schneiden, zum Beispiel für die Zubereitung von Gurkensalat oder als Dekorationen, entstehen so kleine Gurkenrädchen.

Schnittlauch schneiden

Nach dem Waschen Schnittlauch durch kurzes Schwenken (z. B. auf dem Balkon, der Terrasse oder am offenen Fenster) trocknen. Anschließend das Bündel in der Mitte halbieren und die Spitzen umgedreht nach hinten legen. Das zusammengefasste Bündel mit einem scharfen Messer in feine Ringe schneiden.

Spritzbeutel trocknen

Eine Flasche mit heißem Wasser füllen und den ausgewaschenen Spritzbeutel darüber stülpen. So wird dieser gleichmäßig von innen und außen getrocknet, ohne dabei zusammenzukleben.

Spritztüllen (Metall) trocknen

Nach dem Auswaschen abtropfen lassen und auf den Toaster stellen. Das Gerät einschalten und erst nach vollständigem Auskühlen die Tüllen entfernen und aufräumen. Auf gleiche Weise kann man diese oft sehr feinen Zusatzteile auch im Backofen trocknen (bei 50° C – ca. 40 Min.). Sind sie jedoch aus Kunststoff, entweder ein trockenes Tuch durchziehen oder mit dem Haarfön aus ca. 20 cm Entfernung trocknen.

Tomatensaft zu sauer

Vor Verwendung Tomatensaft zuerst probieren. Ist dieser zu sauer, mit etwas flüssigem Süßstoff abschmecken.

Zwiebeln schneiden

Um beim Zwiebelschneiden die Reizung der Augen zu vermeiden, ein möglichst scharfes Messer benutzen. Bei stumpfen Messern wird die Zwiebel gedrückt und die ätherischen Stoffe treten aus. Eine weitere wirksame Methode besteht darin, ein Schneidebrett auf die kalte Herdplatte zu legen und darauf die Zwiebel zu schneiden. Bei eingeschalteter Abluft wird so ein Großteil der Dämpfe abgesaugt und es kommt nicht mehr so schnell zur Tränenbildung.

Zucchinipuffer

Zutaten:

500 g Zucchini
200 g Kartoffeln
3 Eier
8 EL Haferflocken (z. B. Kölln Kernige)
4 EL Instant-Haferflocken (z. B. Kölln Instant-Flocken)
1/2 TL Salz
1 Prise weißen Pfeffer
4-6 EL Öl zum Ausbacken
1 Becher Crème fraîche
grob gemahlener schwarzer Pfeffer aus der Mühle, Salz, frische Kräuter bzw. nur Schnittlauch

Zubereitung:

1. Geschälte Kartoffeln reiben und zu den ungeschälten, grob geraffelten Zucchini geben.

2. Diese Gemüsemischung mit den Eiern, den Haferflocken und den Instant-Haferflocken mischen.

3. Mit Salz und Pfeffer nach Geschmack würzen.

4. Aus dieser Masse in heißem Öl nacheinander 16 kleine Pfannkuchen ausbacken.

5. Vor dem Anrichten auf jeden Zucchinipuffer etwas Crème fraîche, schwarzen Pfeffer, Salz und frische Kräuter bzw. Schnittlauch geben.

6. Sie können aus den zuletzt genannten Zutaten aber auch eine Creme rühren und extra dazu reichen.

Zubereitungszeit: ca. 30-40 Minuten
Pro Portion: ca. 724 kcal / 3024 kJ

Tipp:

- Der Crème-fraîche-Masse etwas geriebenen Käse beigeben, die Puffer damit bestreichen und bei 170° C im Backofen goldbraun überbacken.
- Bleiben die Puffer beim Ausbacken in der Pfanne kleben (vorher eine Probe machen), die Masse mit etwas Semmelbröseln nachbinden.
- Etwas ältere Zucchini sind weicher und lassen sich daher schlechter raspeln. In diesem Fall besser mit einem scharfen Messer in kleine, dünne Streifen schneiden.

Tomatensuppe mit Spätzle

Zutaten:

150 g Spätzle („Hausmacher Spätzle" z. B. von 3 Glocken)
Meersalz mit Jod und Fluor
2 TL Öl
2-3 Zwiebeln
4 TL Öl
1 kleine Stange Porree (200 g)
1 grüne Paprikaschote
4 TL Mehl
1 1/2 l Tomatensaft
2 TL gekörnte Brühe

Zubereitung:

1. Spätzle in Salzwasser mit Öl 13-15 Minuten garen.
2. Zwiebel schälen und gewürfelt in heißem Öl in einer beschichteten Pfanne glasig dünsten.
3. Porree in dünne Streifen, die Paprikaschote in ganz kleine Würfel geschnitten zu den Zwiebeln geben und kurz mitdünsten lassen.
4. 4-6 EL Wasser zugeben und kurz einkochen.
5. Mehl darüber stäuben, gut umrühren.
6. Mit Tomatensaft auffüllen und 5 Minuten kochen lassen.
7. Mit in Wasser gelöster Brühe würzen.
8. Spätzle in der Suppe erhitzen und servieren.

Zubereitungszeit: ca. 30 Minuten
Pro Person: ca. 317 kcal / 1329 kJ

Tipp:

- Variante:
Tomatensuppe aus dem Päckchen für 1 Liter Wasser laut Herstellerangaben kochen. Mit etwas Zucker abschmecken und Spätzle zugeben.
- Wird die Suppe zu dick, mit Weißwein und/oder Wasser und evtl. süßer Sahne strecken.
- Durch Zugabe von gehackter Petersilie verfeinern.

Kartoffel-Zucchini-Gratin mit Tomaten

Zutaten:

750 g Kartoffeln
250 g Zucchini
4 Tomaten
250 g Mozzarella-Käse (z. B. Zottarella von Zott)
Salz, Pfeffer aus der Mühle, Basilikum, Oregano
20 g Butter

Zubereitung:

1. Die Kartoffeln schälen, waschen und in leichtem Salzwasser etwa 20 Minuten gar kochen.

2. In der Zwischenzeit die Tomaten und Zucchini waschen und putzen.

3. Den Mozzarella-Käse in Streifen schneiden.

4. Kartoffeln, Zucchini und Tomaten in dünne Scheiben schneiden.

5. Eine Auflaufform ausbuttern und die Kartoffel-, Zucchini- und Tomatenscheiben in bunter Reihenfolge in die Form einschichten.

6. Dazwischen immer wieder leicht mit Salz, Pfeffer, Basilikum und Oregano würzen.

7. Etwa 20 Minuten im vorgeheizten Ofen bei 200° C garen.

8. Kurz herausnehmen, mit den Mozzarellastreifen belegen und weitere 3-4 Minuten überbacken, bis der Käse leicht zerläuft.

Zubereitungszeit: ca. 40 Minuten
Pro Portion: ca. 318 kcal / 1330 kJ

Tipp:

- Wird die Auflaufform nach dem Ausbuttern mit Semmelbröseln ausgestreut, lässt sich der fertige Auflauf besser stürzen.
- Gehaltvoller wird der Auflauf, wenn zusätzlich auch zwischen den Gemüseschichten noch Streifen von Mozzarella eingelegt werden.

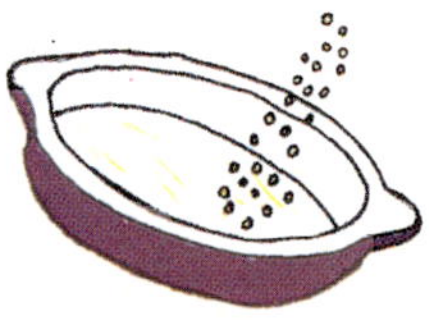

Nudelpfanne mit Putenbrust

Zutaten:

250 g Spiralen-Nudeln (z. B. von 3 Glocken)
4 EL Öl
15 g Trockenpilze
400 g Putenbrust
Salz, Pfeffer
1 Paket TK-Erbsen und -Karotten (aufgetaut)
1/8 Liter süße Sahne
Salz, Muskatnuss

Zubereitung:

1. Nudeln mit 1 EL Öl in Salzwasser „al dente“ (mit Biss) kochen.

2. Eingeweichte und abgetropfte Pilze sowie das Fleisch getrennt in Streifen schneiden.

3. Fleisch in 2 EL Öl anbraten, mit Salz und Pfeffer würzen, die Pilze zugeben und ca. 3 Minuten mitbraten. Anschließend herausnehmen und warm stellen.

4. Das restliche Öl in die Pfanne geben, Gemüse zugeben, mit Salz und Muskatnuss würzen und die Nudeln unterheben.

5. Auf kleiner Flamme ca. 5-10 Minuten braten.

6. Putenbrust mit Pilzen dazugeben, die Sahne unterrühren und abermals 3 Minuten gut köcheln lassen.

Zubereitungszeit: ca. 30 Minuten
Pro Portion: ca. 680 kcal / 2840 kJ

Tipp:

- Anstelle von TK-Gemüse kann auch Dosenware verwendet werden.
- Anstelle von getrockneten Pilzen können auch Dosenchampignons verwendet werden.
- Das Anbraten der Putenbrust mit etwas Rosmarin gewürzt hebt den Eigengeschmack des Geflügels.

Rumpsteak mit Kräuterpaste

Zutaten:

4 Rumpsteaks à 150 g
20 g Butterschmalz
Salz, Pfeffer

Für die Paste:
8 schwarze Oliven ohne Stein
1 Bund Petersilie
1 Bund Schnittlauch
1 EL Kapern
2-3 Chilischoten
1 gehackte Knoblauchzehe
30 g fein gehackte Pinienkerne
1 Zitrone
8 EL Olivenöl
Salz, Pfeffer

Zubereitung:

1. Zuerst die Kräuter waschen und abtropfen lassen.

2. Oliven, abgetropfte Kräuter, Kapern, Chilischoten und abgezogene Knoblauchzehe fein hacken.

3. Pinienkerne, Zitronensaft, Öl, Salz und Pfeffer verrühren und dazugeben. Abschmecken.

4. Rumpsteaks in heißem Butterschmalz von jeder Seite ca. 3 bis 4 Minuten braten.

5. Würzen.

6. Die angemachte Kräuterpaste zu den Rumpsteaks reichen.

Zubereitungszeit: ca. 25 Minuten
Pro Portion: ca. 404 kcal / 1692 kJ

Tipp:

- Um die Garstufe (z. B. medium, rosa oder durch) des Rumpsteaks zu testen, drückt man kurz mit dem Mittelfinger auf das Steak. Je weiter ein Steak durch ist, umso härter fühlt es sich an. Ein noch fast rohes Steak lässt sich leicht bis zur Mitte hin drücken.
- Die Ränder der Rumpsteaks mit einem scharfen Messer knapp einkerben. So verhindert man, dass sich das Fleisch beim Braten wölbt.

Hähnchenbrust mit „Frankfurter Grüne Soße"

Zutaten:

800 g Hähnchenbrust
1/2 l Wasser
1/2 l trockener Weißwein
Salz
1 Lorbeerblatt
1/2 Zitrone
1 Packung Grüne Soße (150 g frische Kräuter, je nach Saison, z. B.: Schnittlauch, Petersilie, Kerbel, Borretsch, Sauerampfer, Dill, Pimpernelle, usw.)
3 hart gekochte Eier
1 EL Öl
3 EL Essig
2 TL Senf
1 Becher Saure Sahne (150 g)
Pfeffer

Zubereitung:

1. Wasser mit dem Weißwein, etwas Salz, dem Lorbeerblatt und der in Scheiben geschnittenen Zitrone zum Kochen bringen.

2. Die Hähnchenbrust hineingeben und bei milder Temperatur 15 Minuten gar ziehen lassen.

3. Anschließend herausnehmen, die Haut abziehen, das Fleisch vorsichtig von den Knochen lösen und in schräge Scheiben schneiden.

4. In der Zwischenzeit die Kräuter waschen, trockentupfen und sehr fein hacken.

5. Eier pellen, Eiweiß und Eigelb trennen.

6. Das Eigelb durch ein Sieb streichen und mit Essig, Öl, saurer Sahne und Senf glatt rühren.

7. Die Kräuter und das fein gehackte Eiweiß unterrühren, mit Salz und Pfeffer abschmecken.

8. Die Grüne Soße zu der Hähnchenbrust servieren.

Zubereitungszeit: ca. 30 Minuten
Pro Portion: ca. 328 kcal / 1379 kJ

Tipp:

- *Die Hähnchenbrüste schmecken besser, wenn sie in einer Hühnerbrühe gegart werden.*
- *Einige Rosmarinnadeln zugegeben, verfeinert noch zusätzlich den Geschmack.*
- *Die Kräuter mit einem großen, scharfen Messer hacken. Bei Verwendung eines Wiegemessers (besonders wenn dieses schon stumpf ist) können die Kräuter bitter werden.*

Lammcurry-Reistopf mit Ananas

Zutaten:

500 g Lammfleisch (Schulter oder Keule)
1 Zwiebel
2 EL Keimöl (z. B. von Mazola)
1-2 TL Currypulver
250 g Langkornreis
3 EL Gemüsebrühe, Instant (z. B. Knorr Gemüse-Kraftbouillon)
450 g Spinat oder 300 g tiefgefrorener Blattspinat, aufgetaut
1/2 frische Ananas
weißer Pfeffer,
Salz

Zubereitung:

1. Lammfleisch in Würfel schneiden.

2. Zwiebel schälen und fein hacken.

3. Fleisch in heißem Keimöl anbraten, Zwiebel und Curry zugeben.

4. Reis hinzufügen, 1 Liter Wasser dazugießen, aufkochen und Gemüsebrühe einstreuen.

5. Reis zugedeckt bei schwacher Hitze 25 Minuten quellen lassen.

6. Spinat putzen und waschen, aufgetauten Spinat unter den Reis mischen und weitere 5 Minuten garen.

7. Ananas schälen, Strunk entfernen und das Fruchtfleisch in kleine Stücke schneiden. Ananasstücke zum Reistopf geben und darin erwärmen.

8. Mit Pfeffer und evtl. Salz abschmecken.

Zubereitungszeit: ca. 50 Minuten
Pro Portion: ca. 481 kcal / 2013 kJ

Tipp:

- Nach Zugabe von Reis und Wasser Gericht im Backofen abgedeckt bei 180° C garen. So kann der Reis gleichmäßiger quellen und brennt nicht so schnell an.
- Anstelle von Keimöl Salatöl verwenden.

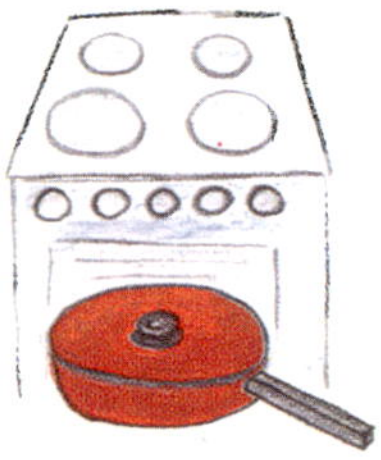

Apfelauflauf mit Streuseln

Zutaten:

1 EL Butter oder Margarine
2 säuerliche Äpfel
Saft von 1/2 Zitrone
2 cl weißen Rum
50 g Rumrosinen
20 g gehackte Mandeln
30 g gehackte Haselnüsse
1/2 Päckchen Vanillezucker
1/4 Glas Nougatcreme (z. B. Nutella)
1/2 Becher Sahne

Für die Streusel:
150 g Mehl
100 g Butter oder Margarine, 75 g Zucker

Außerdem:
1/4 l Vanillesoße
1/4 Becher aufgeschlagene gesüßte Sahne

Zubereitung:

1. Eine Auflaufform ausfetten.

2. Die Äpfel schälen, entkernen und in Scheiben schneiden. Mit Zitronensaft und Rum beträufeln.

3. Die Sahne mit der Nougatcreme glatt rühren und gleichmäßig über die Äpfel verteilen.

4. Die Äpfel in die Auflaufform schichten, die Rumrosinen, die Mandeln und die Haselnüsse mit dem Vanillezucker darüber streuen.

5. Das Mehl auf eine Arbeitsfläche sieben, Butter oder Margarine in Flöckchen darauf setzen und den Zucker darüber streuen.

6. Das Ganze mit bemehlten Händen zu Streuseln verarbeiten.

7. Die Streusel gleichmäßig auf den Äpfeln verteilen und das Ganze im 180-200° C vorgeheizten Backofen 40-45 Minuten backen. Nach Ende der Garzeit den Apfelauflauf herausnehmen, anrichten, mit heißer Vanillesoße überziehen und mit der geschlagenen Sahne garniert servieren.

Zubereitungszeit: ca. 75 Minuten
Pro Portion: ca. 782 kcal / 3275 kJ

Tipp:

- Anstelle die Sahne mit der Hand zu schlagen, kann auch Sahne aus einem Sahnesiphon verwendet werden.
- Um Sahne zur Verwendung in einem Siphon zu süßen, vorher mit wenigen Tropfen flüssigem Süßstoff mischen.

Kochen kommt von Kunst
– aber Kunst kommt von Können!

Ein wahrer Koch ist auch immer ein Künstler. Nur hat dieser stets das Problem, dass seine Werke kaum länger als zwei Tage überdauern. Deshalb gibt es auch von Köchen (anders als bei Schriftstellern, Musikern und Bildhauern) nur sehr selten handsignierte Exemplare. Versuchen Sie mal ein vollendetes Schollenfilet, zauberhaft angerichtete Crêpes Suzettes oder gar einen zarten Wiener Zwiebelrostbraten zu signieren. Selbst wenn dies gelänge, so gäbe es immer erhebliche Probleme, ein solches Sammlerstück etwa ins Regal zu stellen, an die Wand zu hängen oder gar im Vorgarten zwischen den Rosen aufzustellen. Kehren wir zurück in unsere Küche, um nunmehr in der Schwierigkeitsstufe III den aufgestiegenen Kochkünstler ans Werk zu lassen.

Blattgelatine auflösen

Blattgelatine in leicht warmem Wasser einweichen, vorsichtig ausdrücken und der Speise laut Rezept zugeben. Ist das Wasser beim Einweichen zu kalt, löst sich die Gelatine später nicht auf.

Blauschimmelkäse leichter verarbeiten

Käse ca. 2 Stunden vor Verarbeitung aus dem Kühlschrank nehmen und bei Küchentemperatur abgedeckt lagern. So lässt er sich leichter zerteilen bzw. bei Bedarf rühren.

Blumenkohl putzen / schneiden

Den Blumenkohl seitlich auf ein Schneidebrett legen. Bei Blumenkohl mit Blättern diese zunächst an der Unterseite ringförmig abschneiden. (Zugeputzter Blumenkohl, also ohne Blätter, lässt meist auf älteres Gemüse schließen.) Nun mit einem spitzen, scharfen Messer den Sterz trichterförmig herausschneiden, den Kohl mit beiden Daumen auseinanderbrechen und, wenn benötigt, in Röschen auseinanderpflücken.

Blumenkohl waschen

» Schwierigkeitsstufe I, Ratgeber: Blumenkohl waschen

Butter wird schwarz

Wenn Butter in einen zu heißen Topf oder in eine Pfanne kommt, wird diese meistens sofort schwarz. Dies kann man verhindern, indem Topf oder Pfanne leicht gekippt werden und das geschmolzene Fett an einer Stelle zusammenläuft. Durch das momentane Aufschäumen der Butter wird das Schwarzwerden gestoppt.

Chicorée bitter

Das Freisetzen von Bitterstoffen in Chicoréestauden kann verhindert werden, wenn diese in lauwarmem Wasser gewaschen werden.

Eier (gekochte) hacken

Gekochte Eier lassen sich schnell und sauber mit einem

Eierschneider hacken. Einfach das geschälte Ei zunächst der Länge nach einlegen und den Schneider zudrücken und anschließend quer einlegen und erneut zudrücken.

Feldsalat waschen / putzen

Da Feldsalat oft sehr sandig ist, diesen mindestens zweimal waschen. Den Salat beim ersten Mal zunächst in leicht lauwarmem Wasser gründlich durchwaschen. Den zweiten Waschvorgang mit kaltem Wasser vollziehen.

Dekorativer beim Anrichten sieht der Salat aus, wenn man entweder beim Putzen mit den Fingernägeln nur die äußersten Wurzelenden abknipst oder diese mit einem kleinen Messer abschneidet. Schlaffen Feldsalat nur einmal kalt waschen und tropfnass in einem Behälter für mindestens 4-5 Stunden in den Kühlschrank stellen. So werden die Blätter wieder knackig und fest.

Fisch mehlieren

Um beim Mehlieren das Stauben zu verhindern, einfach etwas Mehl in eine Papiertüte geben, den Fisch dazu, die Tüte gut veschließen und mehrmals schütteln. Den mehlierten Fisch oder das Fischfilet entnehmen. Anstelle einer Papiertüte kann auch eine Plastiktüte verwendet werden. Nur muss diese lebensmitteltauglich sein (z. B. Gefrierbeutel).

Fischgräten entfernen

Fischfilets der Länge nach über die Tischkante legen. Aufstehende Gräten entweder mit der Spitze eines kleinen Messers entfernen oder mit einer Pinzette auszupfen.

Frischkäse glatt rühren

Etwa 1 Stunde vor Verwendung den Frischkäse aus dem Kühlschrank nehmen. Zunächst eine Teilmenge mit etwas Milch oder Sahne verrühren und erst dann den Rest zugeben und weiterrühren. Bei kleineren Mengen Schneebesen verwenden und mit der Hand rühren. Bei Benutzung eines elektrisch getriebenen Gerätes bleibt zu viel in den Rührbesen hängen.

Hühnerbrühe schmeckt kräftiger

Hühnerbrühe schmeckt kräftiger, wenn bei der Zubereitung etwas herber Weißwein und Rosmarinnadeln zugegeben werden.

Karotten schneiden

» Zucchini schneiden

Lauch (Porree) waschen

» Schwierigkeitsstufe I, Ratgeber: Lauch (Porree) waschen

Lauch (Porree) bitter

Wird Lauch zu heiß zum Beispiel in Öl angebraten, kann er bitter werden. Dies gilt auch für fast alle anderen Lauchgewächse (Schnittlauch, Frühlingszwiebeln, Knoblauch usw.)

Nudeln aufbewahren

» Schwierigkeitsgrad I, Ratgeber: Nudeln vorkochen

Ratgeber

Nudeln, vorgekochte, erwärmen

Circa 1 Liter Wasser zusammen mit 1 geschälten Zwiebel, 2 TL Salz, 1 Lorbeerblatt und 2 EL Öl 10 Minuten kochen. Die kalten Nudeln zugeben, im heißen Wasser 3-4 Minuten ziehen lassen und die Nudeln auf ein Sieb schütten. Gut abtropfen lassen (dabei mehrmals vorsichtig mit der Hand oder, wenn zu heiß, mit einem Kochlöffel auf den Siebrand schlagen) und weiterverarbeiten. Nudeln mit wenig Wasser bespritzen und abgedeckt in einer Porzellan- oder Kunststoffschüssel für ca. 3 Minuten bei 180 Watt in die Mikrowelle geben.

Olivenöl trübe

Olivenöl wird meistens dann trübe, wenn es zu kalt gelagert wird (Kühlschrank) oder grellem Licht ausgesetzt ist. War das Öl zu kalt gelagert, einfach mehrere Stunden bei Küchentemperatur stehen lassen oder die Flasche in ein Wasserbad (ca. 30-35° C) stellen, bis es wieder klar ist. Grundsätzlich sollten alle Öle vor direktem Lichteinfall geschützt und möglichst dunkel gelagert werden.

Orangen schälen

Von der Frucht oben und unten eine Kappe abschneiden.
Die Orange hinstellen und mit einem scharfen Messer nun so von oben nach unten immer der Fruchtwölbung folgend schälen, dass dabei auch die weiße Unterschale abgenommen wird.

Öl besser verarbeiten

Gut gekühltes Öl lässt sich besser verarbeiten und gerinnt nicht so schnell wie warmes Öl (Raumtemperatur). Dies gilt besonders bei Verwendung zu Marinaden und Majonäsen.

Parmesan-Käse reiben

Um beim Reiben von Parmesan-Käse nicht abzurutschen, Käsestück mit einem Tuch halten. Ist keine spezielle Reibe vorhanden, geht dies auch mit einer Universal-Küchenreibe. (Solche Geräte werden oft in Kastenform angeboten.)

Putenbrustfilet schnetzeln

» Schwierigkeitsstufe II, Ratgeber: Putenbrust leichter schneiden

Safran, günstiger

Gerade in Urlaubsländern wird Safran mitunter günstig angeboten. Es kann sich hier oftmals um „gestreckten" Safran handeln, der mit Kurcuma (gemahlener Gelbwurzel) versetzt worden ist. Gute Ware kann bis zu 3.000,00 DM je Kilogramm kosten.

Sahne, steife

Gut geeignet zur Herstellung von steif geschlagener Sahne ist ein so genannter Sahnesiphon, da diese direkt vom Gerät aus in oder auf die Speise gespritzt werden kann. Als Treibmittel keine Kohlensäurepatronen (CO_2) verwenden, da diese die Sahne gerinnen lassen. Die Hersteller empfehlen zum Betrieb des Gerätes Patronen mit Distickstoffoxid (N_2O).

Schnitzel, eine Tasche einschneiden

Das Rückenstück (Lende) hat auf der Oberseite einen weißlichen Hautdeckel. Zunächst aus dem Fleischstück Schnitzel von ca. 1,5 cm bis 2 cm Stärke schneiden. Dann die Schnitzel einzeln so auf ein Schneidebrett legen, dass die Hautseite nach links (bei Rechtshändern) zeigt. Nun die linke Hand flach auf das Schnitzel legen und mit der rechten Hand mithilfe eines spitzen Messers vorsichtig vorn einstechen und so eine Tasche einschneiden. Dabei darauf achten, dass man nicht bis zur Hautseite durchsticht.

Scampis braten

Scampis werden beim Braten nicht so leicht trocken, wenn diese in einer Mischung (50 : 50) aus Olivenöl und Butter gebraten werden. Vom zurückbleibenden Bratensatz überflüssiges Fett abgießen und diesen z. B. mit Fischfond und/oder Cognac, evtl. auch Weißwein, ablöschen und kurz einkochen. In der so entstandenen Soße die Scampis abwechselnd kurz schwenken und mit der Soße einkochen (glasieren). Erst dann anrichten. Bei diesem Verfahren muss aber der Bratvorgang knapper gehalten werden, da die Scampis anschließend beim Glasieren nochmals nachziehen.

Seezunge abziehen

Die Seezunge an der Schwanzflosse quer einschneiden und mit einem spitzen, scharfen Messer die Haut nach oben aufschaben. Nun das Hautende nehmen

und in Richtung Kopf abziehen. Um dabei ein Abrutschen zu verhindern, fasst man die blank geschabte Schwanzflosse mit einem Tuch an.

Walnusseis zu hart

Benötigte Menge Eis je nach Gewicht bei 90 Watt zwischen 2 und 6 Minuten in die Mikrowelle geben. So lässt sich dieses besser portionieren.

Zitronen auspressen

Zitronen geben beim Pressen mehr Saft ab, wenn sie vorher mehrmals mit der flachen Hand auf dem Tisch durchgewalkt werden. Dadurch platzen im Inneren der Frucht die Säurezellen auf.

Zucchini schneiden

Als Erstes werden die beiden Enden (Blütenansatz und Stielansatz) entfernt. Nun schneidet man der Länge nach eine dünne Scheibe ab, damit die Zucchini bei der weiteren Bearbeitung nicht wegrollt. Auf dieser Fläche liegend wird nun die ganze Zucchini der Länge nach in Scheiben geschnitten. Diese Scheiben dann quer in Streifen schneiden. Mit einer guten Aufschnittmaschine lassen sich Zucchinischeiben vorschneiden (Handschutz verwenden!).

Zuckerschoten, Fäden entfernen

Um bei Zuckerschoten die Fäden zu entfernen, schneidet man mit einer Messerspitze den Stielansatz kurz ein und zieht diesen dann seitlich nach unten weg.

Nudelsalat „Griechische Art"

Zutaten:

500 g Penne-Nudeln (z. B. von 3 Glocken)
500 g Schafskäse
1 kleine Salatgurke
2 rote Peperonis
1/2 Bund frischen Thymian
100 g grüne Oliven ohne Stein
2 rote Zwiebeln
10 EL Rotweinessig
12 EL Olivenöl
Salz, Pfeffer, Zucker
100 ml Gemüsebrühe
1 EL mittelscharfen Senf

Zubereitung:

1. Die Penne „al dente" (mit Biss) kochen, abgießen, gründlich kalt spülen und gut abtropfen lassen.

2. Zwiebeln schälen und grob würfeln.

3. Die Gurke der Länge nach halbieren, entkernen und in dünne Scheiben schneiden.

4. Den Schafskäse in Würfel, die Peperonis in dünne Scheiben schneiden.

5. Aus Senf, Essig, Brühe und Öl ein Dressing zubereiten.

6. Mit Salz, Pfeffer und Zucker abschmecken.

7. Den gewaschenen Thymian klein schneiden.

8. Nudeln, Schafskäse, Gurke, Peperonis, Zwiebeln und Oliven in einer großen Schüssel mischen.

9. Thymian und Dressing unterheben.

Zubereitungszeit: ca. 20-25 Minuten (ohne Nudel-Kochzeit)
Pro Portion: ca. 320 kcal / 1408 kJ

Tipp:

- Der Salat wird pikanter, wenn alle Zutaten, außer den Nudeln, vorgemischt werden und 2 Stunden abgedeckt im Kühlschrank ziehen können.
- Um Arbeitszeit zu sparen, Nudeln bereits am Vortag kochen.
- Kerngehäuse aus der Gurke mithilfe eines Kaffeelöffels ausschaben.
- Ältere Gurken vor Gebrauch schälen.

Hähnchen-Spargel-Salat

Zutaten:

150 g Hähnchenbrustfilet
1 EL Sonnenblumenöl
300 g Spargel (frisch oder aus der Dose)
Saft von 1/2 Zitrone
1 Prise Zucker
300 g Karotten
300 g frische Champignons
300 g Broccoli
1 kl. Endiviensalat (ca. 300 g)
150 g saure Sahne
Salz, Pfeffer
3 EL fein gehackte Salatkräuter
1 Schachtel Kresse

Zubereitung:

1. Hähnchenbrust waschen, trockentupfen und in feine Streifen schneiden. Mit Salz und Pfeffer würzen und mit wenig Öl von allen Seiten anbraten, herausnehmen und auskühlen lassen.

2. Frischen Spargel schälen, die Enden abschneiden und in mundgerechte Stücke schneiden. Im kochenden Salzwasser mit Zitronensaft und Zucker garen (bei Dosenware diese schneiden und auf einem Sieb abtropfen lassen).

3. Karotten und Champignons waschen, putzen und in dünne Scheiben schneiden. Broccoli putzen, waschen, in kleine Röschen zerteilen, im siedenden Wasser 1 Minute blanchieren. Wasser abgießen und Röschen in kaltes Wasser geben.

4. Endiviensalat zerteilen, waschen und die Blätter auf Tellern anrichten.

5. Hähnchenbruststreifen, Karotten- und Champignonscheiben, Spargel und Broccoli daraufgeben.

6. Aus saurer Sahne und Kräutern eine Salatsoße zubereiten und mit Salz, Pfeffer und Zitronensaft abschmecken.

7. Kresse mit einer Schere vom Beet schneiden, waschen und darüber streuen.

Zubereitungszeit: ca. 30 Minuten
Pro Portion: ca. 300 kcal / 1254 kJ

Tipp:

- Werden die Hähnchenbrustfilets in einer Mischung (50 : 50) aus Butter und Öl gebraten, anschließend noch in heißem Zustand in Aluminiumfolie eingepackt und erst nach dem vollständigen Auskühlen (dauert ca. 45 Minuten) geschnitten, bleiben sie saftiger.
- Endiviensalat in lauwarmem Wasser gewaschen, mildert die Bitterstoffe.

Chinesische scharf-saure Suppe

Zutaten:

3 Mu-Err-Pilze
100 g geschnetzeltes Putenbrustfilet
1 TL Sojasoße
1 1/2 TL Instant-Haferflocken (z. B. von Kölln)
500 ml Hühnerbrühe
1 Karotte
3 Stiele Zitronengras
1 EL Wasser
2-3 TL Sojasoße
2-3 TL weißen Essig
Salz, Pfeffer

Zubereitung:

1. Mu-Err-Pilze in Wasser einweichen, leicht ausdrücken und in Streifen schneiden.

2. Fleisch in Sojasoße und 1 TL Haferflocken marinieren.

3. Hühnerbrühe aufkochen.

4. Karotte in dünne Streifen schneiden und mit den Pilzen zur Brühe geben.

5. Putenfleisch hinzufügen und zum Kochen bringen.

6. Zitronengras schneiden und dazugeben.

7. Restliche Haferflocken mit etwas kaltem Wasser verrühren und zur Suppe geben.

8. Sojasoße und Essig zufügen.

9. Mit Salz und Pfeffer abschmecken.

Zubereitungszeit: ca. 30 Minuten
Pro Portion: ca. 120 kcal / 494 kJ

Tipp:

- Zum Abschmecken noch chinesische Fischsoße, etwas Curry oder Tabasco verwenden.
- Anstelle von Zitronengras Zitronenmelisse verwenden. Die Blättchen fein schneiden und erst kurz vor dem Anrichten zugeben.
- Dünne Streifen von Lauch als zusätzliche Einlage verwenden. Diese zugeben und danach die Suppe nur einmal kurz aufkochen lassen. So behält der Lauch seine Farbe!

Vegetarischer Gemüseauflauf mit Steinpilzsoße

Zutaten:

600 g Kartoffeln
1/2 Blumenkohl
2-3 Karotten
1 kleine Stange Lauch
2 kleine Zucchini
40 g Butter
1/8 Liter Gemüsebrühe, instant
200 g Tomaten, Salz, Pfeffer aus der Mühle
1 Becher = 200 ml Käse-Steinpilzsoße (z. B. von Grünland)
etwas Butter zum Ausfetten der Form

Zubereitung:

1. Kartoffeln schälen, in dünne Scheiben schneiden und in leichtem Salzwasser ca. 6-8 Minuten blanchieren. Anschließend auf ein Sieb gießen und auskühlen lassen.

2. Das Gemüse putzen und waschen.

3. Den Blumenkohl in kleine Röschen zerteilen. Karotten und Zucchini in Scheiben, den Lauch in Streifen schneiden.

4. Karotten und Lauch in Butter leicht andünsten, Blumenkohl und Zucchini zugeben und 3-4 Minuten mitdünsten. Mit etwas Gemüsebrühe aufgießen und erneut ca. 5 Minuten garen.

5. Die Kartoffeln untermengen, die Tomaten achteln und zugeben.

6. Mit der Hälfte der Käsesoße vermischen, mit Salz und Pfeffer würzen und in eine gefettete Auflaufform geben.

7. Die andere Hälfte der Soße darauf verteilen und bei 160° C im Backofen ca. 20-25 Minuten überbacken.

Zubereitungszeit: ca. 45 Minuten (mit Garzeit im Ofen)
Pro Portion: ca. 463 kcal / 1935 kJ

Tipp:

- *Etwas geriebenen Käse unter die Masse heben und der Auflauf lässt sich besser portionieren.*
- *Beim Andünsten von Karotten und Zucchini mit etwas Oregano und Thymian vorwürzen verfeinert den Geschmack.*
- *Vor dem Überbacken obenauf mit wenig Semmelbröseln bestreuen ergibt eine bessere Farbe des Gerichts.*

Breite Nudeln mit Lachsforelle

Zutaten:

500 g extrabreite Nudeln (z. B. von 3 Glocken)
500 g rohe Lachsforellenfilets (oder auch Forellenfilets)
2 Zweige Salbei
40 g Butter
3 EL Olivenöl
2 gehackte Knoblauchzehen
2 rote Chilis
100 g süße Sahne
Salz, Zitronensaft
Mehl, Parmesan

Zubereitung:

1. Die Lachsforellenfilets in ca. 2 cm breite Streifen schneiden, salzen, mit Zitronensaft beträufeln und in Mehl wenden.

2. In der Zwischenzeit die Nudeln nach Packungsangabe kochen, bis sie den richtigen Biss haben. Abgießen, kurz mit kaltem Wasser abschrecken, abtropfen lassen, in den Topf zurückgeben und dort warm halten.

3. In einer Pfanne Öl erhitzen, die Lachsforellenfilets anbraten und warm stellen.

4. Die Butter in die Pfanne geben und die in Ringe geschnittenen Chilis, den in feine Streifen geschnittenen Salbei sowie den Knoblauch zugeben und vorsichtig anschwitzen.

5. Die Sahne langsam zugießen und aufkochen.

6. Die Soße unter die fertig gekochten Nudeln heben.

7. Die Nudeln mit den Lachsforellen-Streifen anrichten und einige Parmesanspäne darüber hobeln.

Zubereitungszeit: ca. 30 Minuten
Pro Portion: ca. 716 kcal / 3320 kJ

Tipp:

- *Dem Nudelwasser neben Salz und Olivenöl 1/2 Zwiebel und 1 Lorbeerblatt beigegeben, erhöht den Eigengeschmack der Nudeln.*
- *Beim Mehlieren der Forellenfilets vor dem Braten stets überflüssiges Mehl abklopfen, da dieses sonst beim Braten leicht schwarz und bitter wird.*

Scampis in Currysoße

Zutaten:

20-24 geschälte Scampischwänze
Saft von 1 Zitrone
einige Tropfen Sojasoße
einige Tropfen Obstessig
Salz, Pfeffer aus der Mühle, 4 EL Sojaöl
2-3 EL Nussnougatcreme (z. B. Nutella), 2 Zwiebeln
2 grüne Paprikaschoten
100 g ungesalzene Erdnüsse
1 Glas Weißwein
3/8 l geb. helle Soße,
2 EL Currypulver
2 EL Aprikosengelee
2-3 EL Obstessig
1 Prise Cayennepfeffer
1 Prise Zucker
1 Becher Crème fraîche

Zubereitung:

1. Die Scampischwänze waschen, trockentupfen, mit Zitronensaft, Sojasoße und Obstessig beträufeln, mit Salz und Pfeffer würzen, im Kühlschrank 15 Minuten ziehen lassen.

2. Das Sojaöl erhitzen und die Scampischwänze darin braten. Herausnehmen und warm stellen. Die Zwiebeln schälen, in feine Scheiben schneiden, ins verbliebene Bratfett geben und unter ständigem Rühren andünsten.

3. Die Paprikaschoten putzen, halbieren, entkernen, waschen, in Streifen schneiden, zu den Zwiebeln geben und kurz mitbraten.

4. Die Erdnüsse zum Gemüse geben, mit Weißwein ablöschen und mit der gebundenen hellen Sauce auffüllen.

5. Currypulver, Nussnougatcreme, das Aprikosengelee und den Obstessig einrühren und das Ganze bei mäßiger Hitze 4-5 Minuten köcheln lassen.

6. Mit Salz, Pfeffer, Zitronensaft, Sojasoße, Cayennepfeffer und Zucker abschmecken und mit der Crème fraîche verfeinern.

7. Die Scampis unter die Sauce heben, das Ganze erhitzen, abschmecken.

Zubereitungszeit: ca. 25 Minuten
Pro Person: ca. 549 kcal / 2295 kJ

Tipp:

- *Zum Dekorieren Orangenjulienne (dünne Streifen der Orangenaußenschale) verwenden.*
- *Als Beilage gekochten Reis servieren.*
- *Als Getränk einen trockenen Weißwein oder lauwarmen Jasmintee servieren.*

Kleine Putenröllchen à la Saltimbocca

Zutaten:

200 g Wildreis (z. B. von Oryza)
8 dünne Putenschnitzel à 80 g
2 EL körniger Senf
8 Scheiben luftgetrockneter Schinken à 20 g, 200 g blanchierter Blattspinat
80 g geriebener Parmesankäse
8 schöne Salbeiblätter
1/8 l Portwein
1/4 l Gemüsefond oder Brühe, 150 g Crème double
4 Karotten (ca. 300 g)
2 kleine Zucchini (ca. 200 g)
50 g Butter, Salz, Pfeffer, Öl zum Braten
1 TL Kartoffel- oder Maisstärke

Zubereitung:

1. Die Schnitzel mit Salz und Pfeffer bewürzen und einseitig mit Senf bestreichen. Anschließend mit Spinatblättern, Schinken und Salbeiblatt belegen. Mit Parmesankäse bestreuen, einrollen und zustecken.

2. Die Putenröllchen ringsherum in Öl anbraten und anschließend bei 80° C im Backofen warm halten.

3. Den verbleibenden Bratenfond mit Portwein und Fond ablöschen und ca. um die Hälfte einkochen. Crème double zugeben, verrühren, evtl. etwas strecken und 5 Minuten köcheln lassen.

4. Die Röllchen in die Soße einlegen und darin warm halten (nicht mehr kochen!). Nun die Karotten und Zucchini in kleine Streifen schneiden.

5. Butter zergehen lassen, das Gemüse zugeben, mit Salz und Pfeffer würzen und abgedeckt ca. 10 Minuten dünsten. Evtl. etwas Brühe oder Wasser zugeben.

6. Den Reis nach Anweisung kochen, abtropfen lassen und mit Putenröllchen und Gemüse auf vorgewärmten Tellern anrichten.

Zubereitungszeit: ca. 40 Minuten
Pro Portion: ca. 815 kcal/3435 kJ

Tipp:

- Wird die Crème double vor der Verwendung mit etwas Kartoffelstärke verrührt, ergibt dies später beim Kochen eine gleichmäßige, cremige Soße.
- Bei Verwendung von Kartoffelstärke die Soße nochmals 5 Minuten köcheln lassen und erneut abschmecken.
- Zum Strecken der Soße Mineralwasser, Weißwein oder süße Sahne verwenden.
- Beim Anbraten immer zuerst auf die zugesteckte Stelle legen. So bekommen die Röllchen einen festen Halt.

Kalbsschnitzel mit Käsefüllung

Zutaten:

4 etwas dickere Kalbsschnitzel aus dem Rücken
8 EL frisch geriebene Weißbrotkrume
2 Eigelb
1 EL scharfen Senf
4 EL frisch gehackte Kräuter (z. B. Thymian, Estragon, Petersilie, Salbei)
4 EL Riesling
120 g Blauschimmelkäse (z. B. Weiß-Blau-Käse)
4 Holzspießchen
Butterschmalz zum Braten

Zubereitung:

1. Eine Tasche seitlich in die Schnitzel schneiden, aufklappen und vorsichtig mit Salz und Pfeffer würzen.

2. Weißbrotkrume mit Eigelb, Senf und Kräutern mischen.

3. Käse klein schneiden und mit einer Gabel zerdrücken.

4. Wein und 1/3 der Kräuter-Brot-Masse unterrühren.

5. Die Schnitzel mit der Käsemasse füllen und mit Holzspießchen zustecken.

6. Außen mit Salz und Pfeffer würzen und im heißen Butterschmalz von allen Seiten kurz anbraten.

7. Die restliche Brot-Kräuter-Masse auf die Schnitzel streichen und im vorgeheizten Backofen bei 220° C etwa 10-15 Minuten überbacken.

Zubereitungszeit: ca. 30 Minuten
Pro Portion: ca. 424 kcal / 1777 kJ

Tipp:

- *Die Schnitzel vom Metzger vorbereiten lassen.*
- *Zum Zustecken der Schnitzel Zahnstocher verwenden.*
- *Für die Brotkrume abgerindetes Weißbrot, Brötchen oder Toastbrot verwenden.*

Mango-Mousse mit Walnusseis und karamelisierten Walnüssen

Zutaten:

1 reife Mango
100 g Quark
125 g Zucker
1 Beutel Bourbon-Vanillezucker
2 Blatt weiße Gelatine
200 g Schlagsahne
150 g Zucker
150 g kalifornische Walnusskerne
200 g Walnusseis
Zitronenmelisse

Zubereitung:

1. Mango schälen, Fruchtfleisch vom Kern lösen und pürieren.

2. Quark, Zucker und Vanillezucker untermischen.

3. Gelatine im kalten Wasserbad lösen, vorsichtig ausdrücken und unter die Masse mischen.

4. Sahne steif schlagen und vorsichtig unterrühren.

5. In eine flache Schale füllen und 1 Stunde im Kühlschrank fest werden lassen.

6. Zucker in einer beschichteten Pfanne zu Karamel erhitzen, die Walnusskerne darin wälzen und auf einem Kuchengitter abkühlen lassen.

7. Mit einem Löffel aus der Mango-Mousse Nocken ausstechen, auf einem Teller mit Walnusseis und Nüssen anrichten und mit Zitronenmelisse dekorieren.

Zubereitungszeit: ca. 30 Minuten
Pro Portion: ca. 678 kcal / 2840 kJ

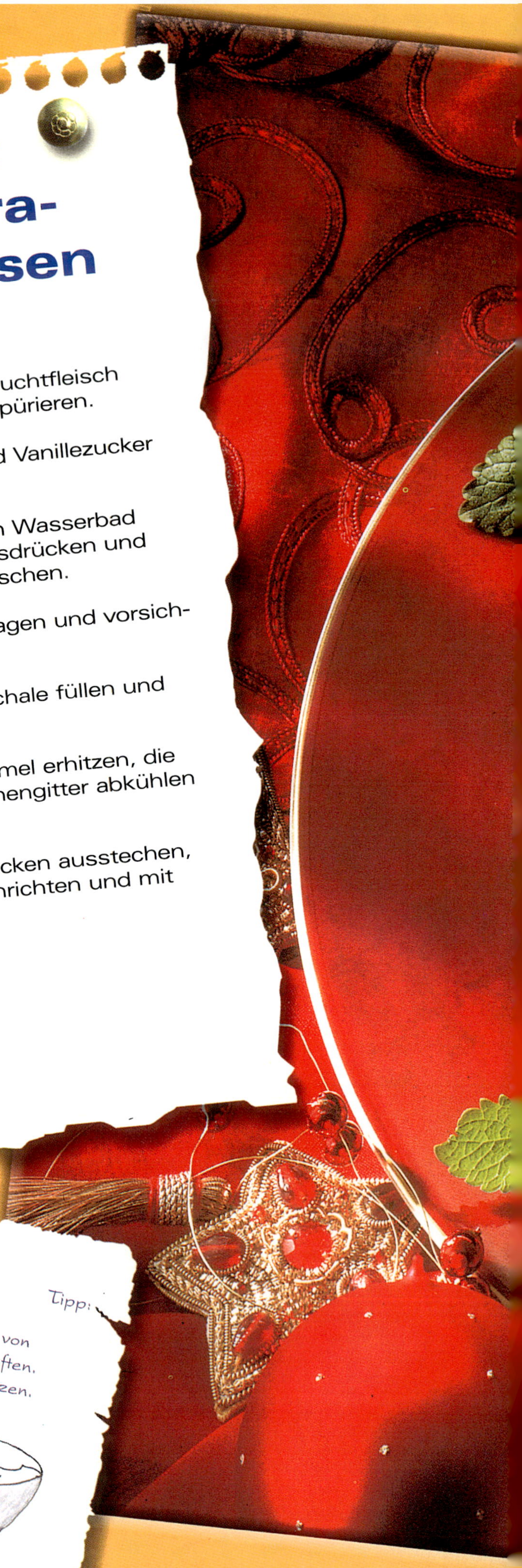

Tipp:

- Zucker mit Holzlöffel rühren. Bei Verwendung von Metallwerkzeugen bleibt der Zucker schneller haften.
- Zum Schlagen der Sahne Metallschüssel benutzen. Bei Verwendung von Kunststoffschüsseln kann es zum Abrieb kommen (besonders bei elektrischen Rührgeräten).

Kleine Geister lassen kochen

– Genies schwingen persönlich den Löffel!

Was ein echtes Kochgenie ist, der klärt zunächst einmal die Personalfrage. Wer für niedrige Dienste wie Abspülen, Aufräumen und Saubermachen geeignet ist und wem das Zepter des „Maître de la Cuisine" gebührt. Ferner Autorität beweisen und notfalls den Paragrafen Nr. 1 des Hausherren zitieren, der da lautet: „Der Chef hat immer recht!" Ist er jedoch Einzelkämpfer oder hat er einen arbeitsunwilligen und schwierigen Verhandlungspartner (z. B. einen gewitzten Sohnemann), so sollte er sich persönlich nach dem momentanen Standort von Spüllappen, Besen und Schaufel erkundigen bzw. umsehen. Die Frage des späteren Abspülens kann man auch gemeinschaftlich lösen, indem man verschmutztes Geschirr einfach im so genannten Wasserschrank (Spülmaschine) versteckt. Sind nun alle nervigen und banalen Fragen geklärt, so kann der wahre Gourmet ohne Probleme die Schwierigkeitsstufe IV dieses Buches bewältigen und sich anschließend mit verklärtem Blick bei einem abschließenden Glas wohltemperierten Cognac selber auf die Schulter klopfen.

Äpfel nachreifen

Sind sehr frische Äpfel nicht alle beim Kochen ver-

braucht worden, so kann man den Rest nachgereift später als Tafelobst verzehren. Um den Reifevorgang zu beschleunigen, Obst für ca. 24-36 Stunden zusammen mit frischen Tomaten gut abgedeckt (z. B. mit Deckel von einer Tortenplatte) in eine Schüssel legen. Tomaten sondern dabei das Pflanzenhormon Ethylen ab, das den Reifeprozess der Äpfel beschleunigt.

Artischocken, besserer Geschmack

Artischocken bekommen einen besseren Geschmack, wenn beim Kochen zusätzlich Weißwein, Pfefferkörner und 1 Knoblauchzehe hinzugefügt werden. Noch intensiver schmecken sie, wenn das Gemüse bereits am Vortag zubereitet wird und im Kochsud auskühlt.

Artischocken, nicht essbare Teile

Zu den nicht genießbaren Teilen der Artischocken gehören vor allem bei größeren Stücken die Blattspitzen. Diese vor der Zubereitung mit einer Schere begradigen. Weiterhin sollte man das so genannte Heu (Samenstände) vorher entfernen. Wer es eilig hat, der sollte eingelegte Artischockenherzen aus Dose oder Glas benutzen. Diese aber vor Gebrauch gut abtropfen lassen.

Auberginen „entwässern"

Gemüseaufläufe von frischen Gemüsen (z. B. Tomaten, Zucchini, Auberginen) werden gern bei der Zubereitung nicht richtig fest, da diese Gemüse zu viel Saft haben. Gemüse wie zum Beispiel Zucchini und Auberginen sollten deshalb vor der Verarbeitung „entwässert" werden. Nach dem Schneiden zunächst leicht einsalzen und auf einem Sieb

1 Stunde ziehen lassen. Dann wie gewohnt, jedoch mit weniger oder keiner Salzzugabe weiterverarbeiten. Tomaten nur halbieren, salzen und umgedreht ziehen lassen.

Aubergine mit fester Außenhaut

Größere Auberginen haben oftmals eine zu feste Außenhaut. Diese vor der Zubereitung mit einem Kartoffel- oder Gemüseschäler entfernen. Oder aber die Außenhaut mit einem Messer gitterartig einritzen und im Backofen bei 200° C ca. 10 Minuten vorgaren, bis die Haut aufspringt.

Béchamelsoße zu dickflüssig

Soße mit Milch oder Sahne strecken, erneut aufkochen und abschmecken.

Béchamelsoße zu dünnflüssig

Soße erneut aufkochen, mit Soßenbinder nachbinden und erneut abschmecken. Ist kein Soßenbinder vorhanden, einen kleinen Teig aus 40 g Butter und 1 Esslöffel Mehl kneten und diesen so lange stückchenweise in die kochende Soße geben, bis sie die gewünschte Konsistenz hat.

Bohnen putzen

» Schwierigkeitsstufe III, Ratgeber: Zuckerschoten, Fäden entfernen

Brunnenkresse schneiden

Schachtel mit Brunnenkresse zunächst schräg unter leicht fließendes, kaltes Wasser halten. Anschließend mit einer

Haushaltsschere die Blättchen abschneiden.

Eier, frische

Eierschachteln beim Einkauf öffnen und auf angeschlagene Eier hin prüfen (diese nicht kaufen wegen Salmonellengefahr!). Legt man frische Eier in kaltes Wasser, so bleiben diese auf dem Boden liegen. Ältere Eier bleiben im Wasser stehen, weil im Inneren Dotter und Eiklar geschrumpft sind und sich im oberen Teil des Eis eine Luftblase gebildet hat. Solche Eier nur noch zum Kochen oder Backen verwenden.

Eigelb mit Zucker schlagen

Sollen Eigelb und Zucker schaumig geschlagen werden, hat sich der Zucker erst dann vollständig aufgelöst, wenn die Masse beim Schlagen weißlich geworden ist. Hierfür am besten geeignet sind so genannte Aufschlag- oder Schneekessel. Nicht vollständig gelöster Zucker lässt u. a. beim Backen von Pfannkuchen diese in der Pfanne anhängen.

Entenbrust, beim Braten schönes Muster

Vor dem Braten Haut der Entenbrust mit scharfem Messer leicht gitterförmig einritzen. So halten die Gewürze besser und die Brust bekommt beim Braten zusätzlich noch ein schönes Muster.

Entenbrust würzen

» Schwierigkeitsgrad I, Ratgeber: Geflügel würzen

Eiweiß wird nicht richtig fest

Wird Eiweiß beim Schlagen nicht richtig fest, die Schlag geschwindigkeit kurzfristig erhöhen und wenige Tropfen frischen Zitronensaft zugeben. Dies lässt den Schnee wieder fest werden.

Ratgeber

Fleischspieße garen gleichmäßiger,

wenn sie vor dem Braten mit der Hand etwas flach gedrückt werden. So erreicht man eine größere Auflagefläche auf dem Pfannenboden. Das Fleisch bleibt saftiger, wenn die Spieße nicht ganz durchgebraten und anschließend noch bei ca. 70° C im Backofen für etwa 15-20 Min. warm gehalten werden.

Kartoffeln (rohe) schälen / schneiden

» Schwierigkeitsgrad II, Ratgeber: Kartoffeln schälen

Kartoffeln (gek.) schneiden

Nicht zu große gekochte Kartoffeln lassen sich gut mithilfe eines Eierschneiders in Scheiben schneiden. Einfach die geschälte Kartoffel einlegen und zudrücken. Darüber hinaus bietet der Handel eine so genannte „Kartoffelharfe" an, mit der das Schneiden auch von größeren Kartoffeln möglich ist.

Muscheln, frische

Beim Einkauf darauf achten, dass alle Muscheln geschlossen sind. Leicht oder halb geöffnete aussortieren lassen, da diese zum Verzehr ungeeignet sind. Zum Transport die Muscheln in einen genügend großen, halb mit Crash-Eis gefüllten Plastik sack füllen lassen.

Lachsgeschmack zu fade

Schmeckt der Lachs zu wenig vor, etwas fein geschnittenen Lachsersatz vor Zugabe mit echtem Lachs mischen. Zur weiteren Geschmacksverstärkung eignen sich auch Sardellenpaste und/oder frischer, fein gehackter Dill.

Paprikaschoten putzen

» Schwierigkeitsgrad II, Ratgeber: Paprikaschoten putzen

Räucherlachs-packung aufschneiden

Packungen mit Räucherlachs mit einem scharfen Messer vorsichtig auf der Rückseite aufschneiden. Bei Entnahme einer Teilmenge kann so

anschließend die Klarsichthülle wieder darüber gezogen werden. Ein weiterer Vorteil liegt darin, dass der Lachs nicht, wie oftmals beim Öffnen auf der Vorderseite, mit dem Messer beschädigt werden kann.

Rinderhackfleisch, frisches

Frisches Rinderhackfleisch hat eine dunkelrote Farbe. Ist dieses hellrot oder gar marmoriert, lässt dies den Schluss zu, dass hier gemischtes Rindfleisch verschiedener Altersstufen verarbeitet wurde. Oder es handelt sich um Hackfleisch mit einem hohen Fett- und/oder Flachsenanteil (Sehnen, Häute, Fasern etc.) oder aber um gemischtes Hackfleisch verschiedener Schlachttiere (z. B. Schwein, Kalb, Rind). Hat das Fleisch jedoch schon eine leicht graue Farbe, handelt es sich entweder um schon älteres Fleisch oder um Fleisch, das starken Temperaturschwankungen unterworfen war.

Rosmarin zum Lamm

Beim Würzen erhöht die Zugabe von Rosmarinnadeln den Eigengeschmack von Lammfleisch. Bei Verwendung von gemahlenem Rosmarin etwa nur die Hälfte der Menge nehmen. Frische Rosmarinzweige niemals anbraten, da diese sonst bitter werden. Bei Schmorgerichten oder Soßen einen kleinen Zweig ca. 20 Minuten vor Beendigung des Garvorganges gewaschen zugeben und vor dem Anrichten wieder entfenen.

Safran, Qualität

» Schwierigkeitsgrad III, Ratgeber: Safran, günstiger

Scampis, Tiefkühlware

Tiefgekühlte Shrimps in Vorratsbehälter mit Gittereinsatz legen und abgedeckt im Kühlschrank über Nacht auftauen lassen.

Spargelschalen verwenden

Die Brühe von ausgekochten Spargelschalen und Spargelabschnitten lässt sich gut als Aufguss zur Herstellung einer Spargelsuppe verwenden. Sollte eine Fleischsuppe beim Kochen trübe geworden sein, einfach eine Hand voll Spargelschalen dazugeben. Die im Spargel vorhandene Säure bindet die Schwebstoffe in der Suppe und sie wird wieder klar.

Spieße, geeignete

Zum Aufspießen von Fleisch sind am besten Schaschlikspieße aus Metall geeignet, da diese nach Gebrauch wiederverwendet werden können. Alternativ werden im Handel auch einfache, hölzerne Spieße oder Spieße aus Bambus angeboten. Letztere haben den Vorteil, dass durch ihre rauhe Oberfläche aufgesteckte Bratgut nicht so leicht verrutscht (aus dem gleichen Grund sind diese auch zum Prüfen beim Kuchenbacken geeignet).

Thymian schneiden

Um die zarten Rispen vom harten Stiel der Thymianzweige zu trennen, gewaschenen

Zweig mit einem Tuch anfassen und Stielenden herausziehen. So verbleiben die dünnen Zweige im Tuch und können anschließend leichter fein gehackt oder geschnitten werden.

Tomaten abziehen

» Schwierigkeitsgrad I, Ratgeber: Tomaten abziehen

Zwiebeln schneiden

» Schwierigkeitsgrad II, Ratgeber: Zwiebeln schneiden

Moussaka

Zutaten:

500 g Auberginen
1 Zwiebel
3-4 EL Olivenöl
250 g Rinderhackfleisch
1 Knoblauchzehe
180 g Pizzatomaten (aus der Packung)
Salz, Pfeffer, Thymian, Oregano, 50 g geriebenen Parmesankäse

Für die Béchamelsoße:
1/4 l Milch
2 1/2 gehäufte EL weißen Soßenbinder (z. B. Mondamin Klassische Mehlschwitze, hell)
1 Eigelb, Salz, Pfeffer

Zubereitung:

1. Auberginen putzen, waschen und längs in 1 cm dicke Scheiben schneiden.

2. Zwiebel schälen und in kleine Würfel schneiden.

3. Auberginenscheiben in heißem Olivenöl goldbraun braten und herausnehmen.

4. Zwiebel im verbleibenden Bratfett andünsten.

5. Hackfleisch dazugeben und kräftig anbraten. Gehackte Knoblauchzehe und Pizzatomaten hinzufügen.

6. Mit Salz, Pfeffer, Thymian und Oregano würzen.

7. Für die Béchamelsoße die Milch aufkochen, den Soßenbinder mit einem Schneebesen einrühren und 1 Minute kochen lassen.

8. Eigelb unterrühren und mit Salz und Pfeffer abschmecken.

9. Auberginen, Hackfleisch und wieder Auberginen in eine gefettete Auflaufform geben und dazwischen jede Schicht mit Parmesankäse bestreuen.

10. Béchamelsoße darüber gießen und die Moussaka im vorgeheizten Backofen bei 175-200° C etwa 60 Minuten backen.

Zubereitungszeit: ca. 90 Minuten
Pro Portion: ca. 385 kcal / 1607 kJ

Tipp:

- Der Milch vor dem Aufkochen 1/2 grob gewürfelte Zwiebel, ein Stück Speck oder Schinkenschwarte sowie ein Lorbeerblatt zugeben. Dies verfeinert den Geschmack der Béchamelsoße wesentlich.

Puszta-Blechkuchen (für 6 Portionen)

Zutaten:

350 g Mehl
175 g Butter
1/2 TL Salz
4 EL kaltes Wasser
2 gelbe Paprikaschoten
1 Beutel Zwiebelsuppe (z. B. Maggi Meisterklasse Zwiebelsuppe)
450 g Crème fraîche
50 g Salamischeiben
100 g geriebenen Käse

Zubereitung:

1. Aus Mehl, Butter, Salz und Wasser einen glatten Mürbeteig herstellen. Diesen 1 Stunde abgedeckt im Kühlschrank ruhen lassen.

2. In der Zwischenzeit die Paprikaschoten waschen, putzen und in kleine Würfel schneiden.

3. Die Zwiebelsuppe mit der Crème fraîche verrühren und die Paprikawürfel untermischen.

4. Den Teig ausrollen, auf ein ungefettetes Backblech legen und die Zwiebel-Paprika-Masse darauf verteilen.

5. Mit Salamischeiben belegen und mit geriebenem Käse bestreuen.

6. Im vorgeheizten Backofen bei 200° C ca. 30 Minuten backen.

Zubereitungszeit: ca. 50 Minuten (ohne Ruhezeit im Kühlschrank)
Pro Portion: ca. 830 kcal / 3475 kJ

Tipp:

- Arbeitsfläche dünn mit Mehl bestäuben verhindert das Ankleben des Teiges beim Ausrollen.
- Um die richtige Blechgröße des Teiges zu erhalten, diesen etwas größer ausrollen, das Backblech umgedreht auflegen und leicht andrücken. Überstehende Ränder abschneiden. Aus den Teigresten eine lange Wurst rollen und damit durch Auflegen und Andrücken ringsherum den Rand des Blechkuchens formen.

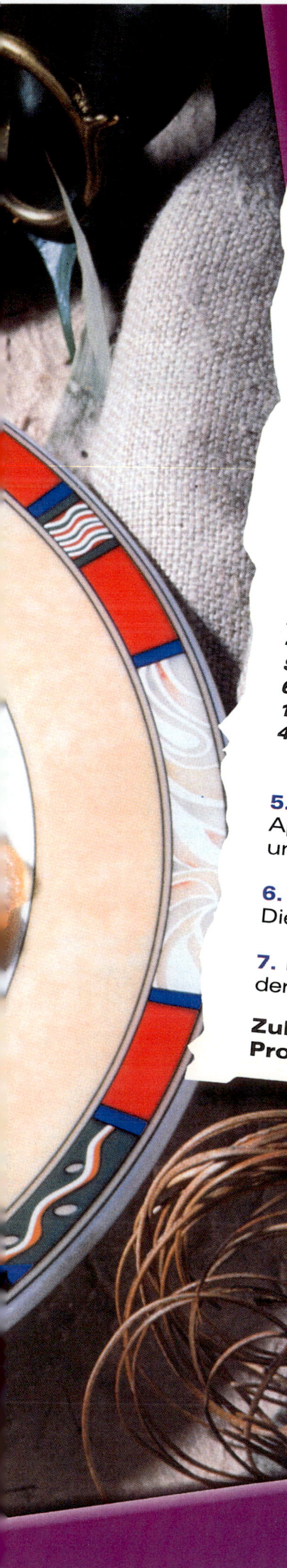

Kasseler mit Calvadosäpfeln

Zutaten:

800 g Kasseler ohne Knochen
2-3 EL Butterschmalz
einige Zweige Rosmarin
1 Schuss Weißwein
1/2 l Bratenfond oder Bratensoße, 1 Tasse eingeweichte Rosinen
2 EL Nussnougatcreme (z. B. Nutella)
2-3 EL Obstessig
Salz, Pfeffer aus der Mühle, 1 Prise Cayennepfeffer

Außerdem:
4 säuerliche Äpfel
Saft von 1 Zitrone
6 cl Calvados
1/4 l Apfelsaft
4 Portionen Kartoffelpüree

Zubereitung:

1. Das Kasseler in einen mit Butterschmalz ausgefetteten Bräter legen. Die Rosmarinzweige dazugeben, mit einem Schuss Weißwein angießen und im auf 180-200° C vorgeheizten Ofen 15-20 Minuten garen.

2. Nach Ende der Garzeit das Kasseler herausnehmen und warm halten. Den Bratensaft mit dem Bratenfond ablöschen und zum Kochen bringen.

3. Die eingeweichten Rosinen mit der Nussnougatcreme und dem Obstessig unter die Soße ziehen.

4. Die Soße mit Salz, Pfeffer und Cayennepfeffer abschmecken. Das Kasseler einlegen und in der Soße warm halten.

5. Die Äpfel halbieren, das Kerngehäuse herauslösen, die Apfelhälften mit Zitronensaft und Calvados beträufeln und in einen Topf setzen.

6. Den Apfelsaft angießen und das Ganze zum Kochen bringen. Die Äpfel in der Soße bissfest garen.

7. Das Kasseler mit Calvadosäpfeln dekorativ anrichten und mit der Soße überziehen.

Zubereitungszeit: ca. 40 Minuten
Pro Portion: ca. 691 kcal / 2890 kJ

Tipp:

- *Beim Einkauf des Kasselers „roh geräuchertes" verlangen. Vorgegartes wird schnell trocken.*
- *Anstelle der Äpfel können auch kleine Cocktailäpfel aus der Dose verwendet werden. Diese jedoch im eigenen Saft erwärmen und mit Zitrone und Calvados würzen.*

Spargel-Käsecreme-suppe mit Räucherlachs

Zutaten:

600 g Spargel
3/4 l Wasser
1 TL Salz
1 TL Zucker
50 g Butter
40 g Mehl
1/4 l Schlagsahne
50 g geriebenen alten Holland-Gouda
1 TL Hühnerbrühe (Instant)
etwas geriebene Muskatnuss
1 Eigelb
50 g Räucherlachs
20 g Brunnenkresse

Zubereitung:

1. Spargel schälen, waschen, in 3 cm lange Stücke schneiden. Mit Salz und Zucker in 3/4 Liter Wasser ca. 15 Minuten garen. Über einem Sieb abgießen, Kochwasser auffangen.

2. Butter schmelzen, Mehl einrühren, mit Spargelwasser und Sahne auffüllen und 5 Minuten kochen lassen.

3. Geriebenen alten Gouda einrühren. Mit Hühnerbrühe und Muskatnuss abschmecken.

4. Spargelstücke zugeben. verquirlen, in die Suppe rühren – nicht mehr kochen lassen!

5. Suppenportionen vor dem Servieren mit Räucherlachsstreifen und gewaschenen Brunnenkresseblättchen garnieren.

Zubereitungszeit: ca. 30 Minuten
Pro Portion: ca. 372 kcal / 1555 kJ

Tipp:

- Frischen Spargel erkennt man an saftigen, hellen Schnittstellen. Bei dunklen, trockenen und aufgerissenen Schnittstellen ist das Gemüse meist älter als 4-5 Tage.
- Geschälten Spargel zum Lagern in Küchentuch einwickeln, das vorher in leichtem Zitronenwasser (1/2 Liter Wasser + Saft von 1 Zitrone) getränkt wurde.
- Der Spargel bleibt weiß, wenn man 1/8 Liter Kochwasser durch herben Weißwein ersetzt. Aus ausgekochten Spargelschalen und -abschnitten lässt sich gut ein zweites Mal eine Suppe herstellen. Als Einlage eine kleine Dose Spargel verwenden.

Gemüse-Fisch-Auflauf

Zutaten:

3/4 l Wasser
2 Fleischtomaten
1 EL Gemüsebrühe (Instant)
2 kleine Zucchini
1 Zwiebel
1 Fenchelknolle
300 g Brokkoli
500 g Seelachsfilet
250 g Mozzarella (z. B. Zottarella von Zott), Butter zum Ausfetten
Salz, Pfeffer
1 fein gehackte Knoblauchzehe
1 EL fein gehackte Petersilie

Zubereitung:

1. Fleischtomaten abziehen und in Spalten schneiden.

2. Gemüsebrühe in das kochende Wasser einrühren.

3. Das Gemüse putzen und waschen. Zucchini in Scheiben, Zwiebel in Ringe, Fenchel in Stücke schneiden, die Brokkoliröschen halbieren.

4. Alles ca. 8 Minuten in der Gemüsebrühe kochen. Inzwischen das Seelachsfilet kalt abbrausen, trockentupfen und in mundgerechte Stücke schneiden.

5. Gemüse mit einem Schöpflöffel aus der Brühe herausnehmen und abtropfen lassen. Die Seelachsstücke in die Brühe geben und 5-7 Minuten ziehen lassen, herausnehmen und abtropfen lassen.

6. Den Mozzarella in Scheiben schneiden.

7. Eine feuerfeste Form mit etwas Butter ausstreichen und mit dem Gemüse und dem Fisch füllen. Pfeffern und salzen und die fein gehackte Knoblauchzehe darüber verteilen. Mit Mozzarellascheiben belegen und bei 200° C im vorgeheizten Backofen überbacken, bis der Käse schmilzt.

8. Mit fein gehackter Petersilie bestreut servieren.

Zubereitungszeit: ca. 45 Minuten
Pro Portion: ca. 346 kcal / 1426 kJ

Tipp:

- *Zum Abziehen der Tomaten den Sterz herausschneiden, auf der Rückseite mit scharfem Messer knapp einkreuzen und Tomate kurz in kochendes Wasser halten. Ist die Haut aufgesprungen, sofort in kaltes Wasser legen und Haut mit Daumen und Zeigefinger abstreifen.*

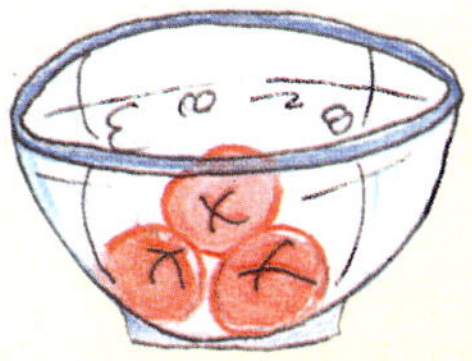

Quiche Lorraine mit Ziegenkäse (für 4 - 6 Personen)

Zutaten:

200 g Mehl
100 g kalte Butter
1 Ei, 1 Prise Salz
1 EL Wasser
200 g Ziegenkäse
3 Eier, 2 Eigelb, 0,2 l Milch
200 g Crème fraîche
Salz, Pfeffer, Muskat
6 kleine Artischocken
2-3 l Kochwasser,1 TL Salz
Saft von 1 Zitrone
100 g getrocknete Tomaten, 80 g Schalotten
2 cl Weißwein
1/8 l Wasser, Salz, Zitronensaft, etwas Olivenöl
1 kleiner Bund Estragon

Zubereitung:

1. Das Mehl auf eine Arbeitsplatte sieben und die Butter in kleinen Stückchen dazugeben. In eine Mulde das Ei geben und alles zu einem Teig verkneten, bei Bedarf etwas Wasser hinzufügen.

2. Teig 2 Stunden im Kühlschrank ruhen lassen. Zwischenzeitlich die Stiele von den Artischocken abbrechen und diese vierteln. Wasser mit Salz und Zitrone zum Kochen bringen und Artischocken darin garen.

3. Getrocknete Tomaten mit den gehackten Schalotten und dem gehackten Estragon in Olivenöl anschwenken. Mit etwas Zitronensaft ablöschen. Den Käse in ca. 1/2 cm dicke Scheiben schneiden.

4. Die Crème fraîche, Milch, Eier und Eigelb in einer Schüssel verquirlen und mit den Gewürzen abschmecken. Den Teig dünn ausrollen, in eine Springform (24 oder 26 cm) legen und mit der Gabel einige Male einstechen.

5. Im vorgeheizten Ofen bei 180° C 15 Minuten vorbacken. Dann das Gemüse, den Käse und die Eiermasse einfüllen.

6. Die Quiche Lorraine bei 180° C 30-35 Minuten fertig backen.

Zubereitungszeit: ca. 80 Minuten (ohne Ruhezeit des Teiges)
Pro Portion: ca. 895 kcal / 4625 kJ

Tipp:

- Ist die Butter zu warm (Zimmertemperatur), sie vor Verarbeiten ca. 30 Minuten gefrieren.
- Um das Ankleben des Teiges beim Ausrollen zu vermeiden, Arbeitsfläche vorher dünn mit Mehl bestäuben.
- Um die richtige Größe des Teiges zu erhalten, diesen ausrollen und Oberteil der Springform auf den Teig legen und leicht andrücken.
- Anstelle von frischen Artischocken gut abgetropfte Dosenware (Artischockenherzen) verwenden.

Paella-Reispfanne

Zutaten:

2 rote Paprikaschoten, ca. 300 g, gehäutet
600 g Fleischtomaten, ohne Haut
1 Zwiebel, 5 Knoblauchzehen
300 g Erbsen, 1 Hähnchen, küchenfertig, ca. 1,2 kg, in 12 Stücke geteilt
250 g Schweinelende, in Würfel geschnitten
400 g Venusmuscheln
6 rohe Scampis
8 EL Olivenöl, Salz, Pfeffer
1 Döschen Safran
1 TL Paprikapulver
1 Lorbeerblatt
1 1/4 l Fleischbrühe
500 g Rundkornreis, 1 Zitrone

Zubereitung:

1. Olivenöl in einer Paella-Pfanne erhitzen und die Geflügelstücke darin bei starker Hitze von allen Seiten anbraten, mit Salz und Pfeffer würzen und herausnehmen. Danach mit den Fleischwürfeln ebenso verfahren.

2. Dann die Muscheln anbraten, bis sie sich geöffnet haben. Ungeöffnete Muscheln entfernen.

3. Scampis ebenfalls anbraten, bis sie eine schöne rote Farbe bekommen haben.

4. Fleisch, Geflügel und Meeresfrüchte warm stellen.

5. Im verbliebenen Bratfett Zwiebel und Knoblauch glasig dünsten. Tomaten und Erbsen dazugeben und etwa 5 Minuten dünsten. Safran und Paprikapulver unterrühren, mit Salz und Pfeffer kräftig würzen. Lorbeerblatt dazugeben. Dann in einem Topf die Brühe aufkochen.

6. Den Reis zu den anderen Zutaten in die Pfanne geben, mit der kochenden Brühe aufgießen und etwa 25 Min. köcheln lassen, bis der Reis fast alle Flüssigkeit aufgesogen hat.

7. Paprikastreifen untermischen, abschmecken und falls nötig, nachwürzen. Hähnchenstücke, Fleischwürfel, Muscheln und Scampis dekorativ auf dem Reis verteilen.

8. Die Paella-Pfanne mit Alufolie abdecken und im Backofen bei 180° C weitere 15 Min. ziehen lassen, in der Pfanne auf den Tisch bringen.

Zubereitungszeit: ca. 60 Minuten
Pro Portion: ca. 902 kcal / 3215 kJ

Tipp:

- *Um Paprikaschoten abzuhäuten, diese der Länge nach einritzen und bei 180° C kurz in den Backofen geben, bis die Haut platzt, dann abziehen.*
- *Beim Servieren Schalen mit warmem Zitronenwasser zum Reinigen der Finger auf den Tisch stellen. Ebenso eine Schüssel für Muschelschalen etc.*
- *Zum Essen einen Spanischen Rotwein servieren, zum Beispiel D.O. Valencia.*

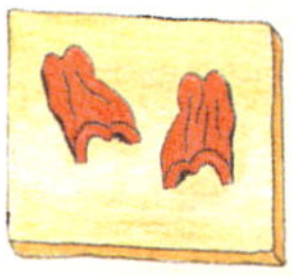

Entenbrust mit Calvados-Rahm-Soße

Zutaten:

750 g vorgekochte Kartoffeln, Butter
200 g Rahm (z. B. Rotkäppchen Frischer Landrahm)
1/8 l Milch, 1 Ei, Salz, Pfeffer, Muskatnuss
2 Entenbrüste à 350 g
20 g Butterschmalz
150 g Rahm (z. B. Rotkäppchen Frischer Landrahm)
1/2 TL Zucker
3 cl Calvados, 1 Apfel
300 g Zuckerschoten
20 g Butter, Salz, Zucker
1 Dose Babyäpfel (Kirschäpfel mit Stiel)

Zubereitung:

1. Kartoffeln in dünne Scheiben schneiden und in eine gebutterte Auflaufform legen. Rahm mit Milch und Eiern verquirlen, mit Salz, Pfeffer und Muskatnuss würzen, darüber gießen und das Ganze bei 200° C gut 20 Minuten im Backofen garen.

2. Inzwischen die Entenbrüste waschen, trockentupfen, würzen und in heißem Butterschmalz mit der Hautseite nach unten ca. 5 Minuten anbraten. Umdrehen und nochmals ca. 5 Min. braten. Erneut drehen und 5 Min. garen und warm stellen.

3. Eventuell überflüssiges Fett abgießen, mit Calvados löschen, den Rahm zugeben und mit Salz, Pfeffer und Zucker würzen.

4. Aus dem geschälten Apfel einige Kugeln ausstechen und zu der Soße geben. Die Zuckerschoten putzen, in wenig Salzwasser kurz blanchieren, abtropfen lassen und in heißer Butter schwenken. Mit Salz und etwas Zucker abschmecken.

5. Die Entenbrust tranchieren, mit den Zuckerschoten und den abgetropften Babyäpfeln, dem Kartoffelgratin und der Calvados-Rahm-Soße servieren.

Zubereitungszeit: ca. 80 Minuten
Pro Portion: ca. 917 kcal / 3889 kJ

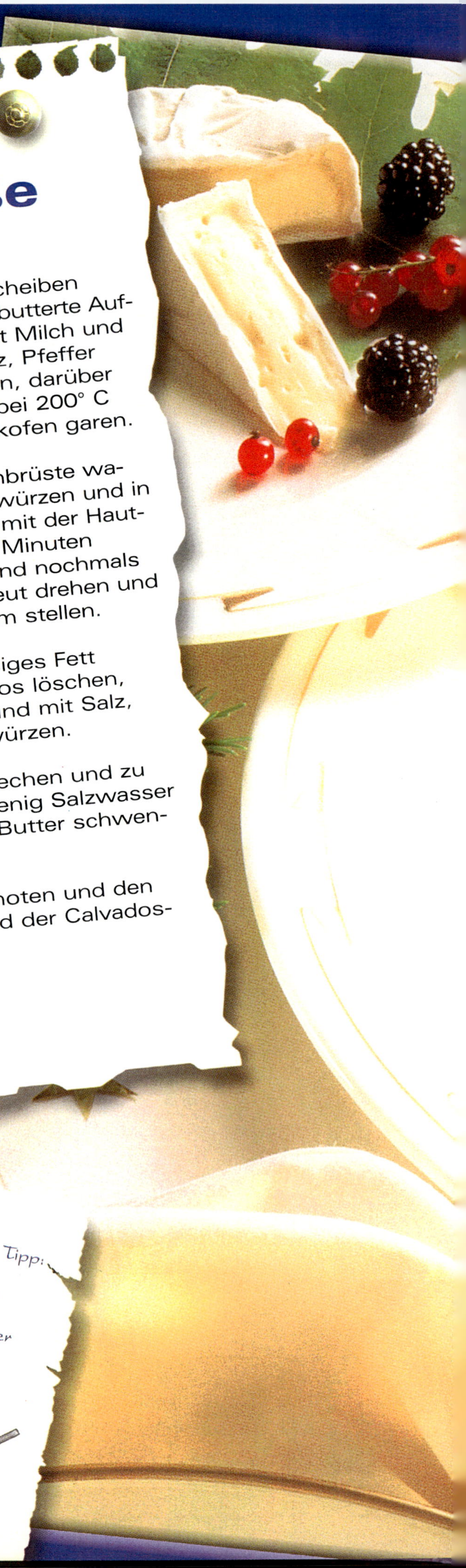

Tipp:

- Entfetten des Bratenfonds entweder durch Abgießen oder durch mehrfaches Einlegen von Küchenkrepp. Dieser saugt das Fett ab und der Bratenfond bleibt in der Pfanne zurück.
- Zum Ausstechen der Apfelkugeln einen „Pariser Ausstecher" verwenden.
- Um das Gerinnen der Soße zu verhindern, vor Verwendung des Rahms diesen mit 1/2 TL Kartoffelstärke verrühren.
- Babyäpfel vor dem Anrichten mit etwas Calvados beträufeln und in der Mikrowelle bei 360 Watt ca. 2-3 Min. vorwärmen.

Sojaöl

Lammspieße mit Thymiankartoffeln

Zutaten:

750 g Lammfleisch aus der Keule
2 gehackte Knoblauchzehen
1/8 l Sojaöl
1 TL Pfeffer aus d. Mühle
einige Stiele Thymian
600 g kleine Kartoffeln
400 g Prinzessbohnen
Salz
1 mittelgroße Zwiebel
10 g Butter

Zubereitung:

1. Lammfleisch in Würfel schneiden.

2. 3 EL Sojaöl, Knoblauch und Pfeffer verrühren. Einige Zweige Thymian zugeben und mit dem Fleisch mischen. Ca. 3 Stunden ziehen lassen (marinieren), dabei ab und zu umrühren.

3. Kartoffeln schälen, waschen und der Länge nach vierteln. Bohnen putzen und waschen.

4. Fleisch etwas abtropfen lassen und auf Spieße stecken.

5. Sojaöl erhitzen und die Kartoffeln darin unter gelegentlichem Wenden ca. 15 Min. braten.

6. Bohnen in kochendes Salzwasser geben und 15 Minuten garen.

7. Restliches Sojaöl erhitzen und die Spieße darin ca. 10 Minuten von allen Seiten braten. Mit Salz und Pfeffer würzen.

8. Zwiebel schälen und fein würfeln. Fett in einem Topf erhitzen und die Zwiebel darin glasig dünsten. Bohnen abtropfen lassen und darin schwenken.

9. Restlichen Thymian von den Stielen zupfen und zu den Kartoffeln geben. Mit Salz und Pfeffer würzen.

10. Spieße mit den Kartoffeln und Bohnen auf Tellern anrichten.

Zubereitungszeit: ca. 40 Minuten (ohne Marinierzeit)
Pro Portion: ca. 800 kcal / 3360 kJ

Tipp:

- *Fleisch am Vorabend mariniert lässt die Spieße würziger und beim Braten nicht so schnell trocken werden.*
- *Nach Geschmack zu den Bohnen fein gewürfelten, gebratenen Speck geben.*

Apfelküchle im Emmentaler-Mantel auf Rotweinschaum

Zutaten:

Apfelküchle:
3 Äpfel (Jonagold, Gloster)
Saft von 1 Zitrone
200 g Schlagsahne, 1 Ei
1 Prise Salz, 100 g Mehl
75 g fein geriebenen Allgäuer Emmentaler
1 Eiweiß, Mehl zum Wenden, Butterschmalz zum Ausbacken
4 EL Zucker mit 1/4 TL gemahlenen Nelken vormischen

Rotweinschaumcreme:
1/4 l kräftiger Rotwein
4 EL Vanillezucker
4 Eigelb

Zubereitung:

1. Sahne, Ei, Salz, Mehl und Allgäuer Emmentaler mit dem Schneebesen verrühren. Den Teig eine Stunde quellen lassen. Dann das steif geschlagene Eiweiß unterheben.

2. Geschälte und entkernte Äpfel quer in Scheiben schneiden, mit Zitronensaft beträufeln und in Mehl wenden.Mehl, das nicht fest anhaftet, abklopfen.

3. Apfelscheiben einzeln in den Teig tauchen und überflüssigen Teig am Schüsselrand vorsichtig abstreifen.

4. In heißem Butterschmalz goldgelb ausbacken, dann in der Zucker-Nelken-Mischung wälzen.

5. In einer Metall-Rührschüssel mit halbrundem Boden Eigelb und Vanillezucker schaumig rühren.

6. Anschließend im heißen Wasserbad den Rotwein unter ständigem Schlagen mit dem Schneebesen zufügen. Rühren, bis die Weincreme anzieht und cremig wird (das Wasserbad darf niemals kochen).

7. Die Rotweinschaumcreme auf Teller gießen und darauf die Apfelküchlein anrichten.

Zubereitungszeit: ca. 50 Minuten (ohne Quellzeit für den Teig). Pro Portion: ca. 820 kcal / 3438 kJ

Tipp:

- Teig im Kühlschrank quellen lassen, dabei gut abdecken, da er sonst Fremdgerüche annehmen kann.
- Anstelle von Butterschmalz kann auch Speiseöl verwendet werden.
- Bei Verwendung eines Aufschlagkessels wird der Teig schöner.
- Zum Tauchen der Apfelscheiben in den Teig eine so genannte Kartoffelgabel verwenden.

Register

Genehmigte Lizenzausgabe
EDITION XXL GMBH
Reichelsheim, 2001

ISBN 3-89736-103-5

Wir danken folgenden Firm
für ihre freundliche
Unterstützung:

ADAM 16-
Zott 18-19, 42-43, 88-
Rotkäppchen 20-21, 22-23, 94-
3 GLOCKEN 24-25, 40-41, 44-
58-59, 66-
Spanisches Generalkonsulat Handelsabteilung 26-27, 92-
LDH 28-29, 60
Meggle 30
KNORR 32-33, 50-51, 80
Peter Kölln, Köllnflockenwerke 38-39, 62-
CMA/IPR&O 46-47, 48-
Nutella 52-53, 68-69, 84-
Grünland 64-
ORYZA 70
CMA/ABC Hamburg 72-73, 98
California WalnutCommission 74-
MAGGI KOCHSTUDIO 82-
Frau Antjes Feinschmecker-Kochstudio 86-
SOPEXA / Käse aus Frankreich 90
Sojaöl 96-